Raúl Eduardo Chao

La Habana en sus 500 Años
Una historia ilustrada de La Habana

DEL MISMO AUTOR:

Historia de la Química Industrial
Total Quality and Productivity Management
Performance Management
Strategic Planning
Management Development
Process Improvement Teams
Quality Strategies
Gestión de Futuro

Contramaestre
Baraguá
Poemas y Memorias de Cuba
Jimaguayú
Guáimaro
Freedom Embattled
Colonial Cuba
Republican Cuba
Exiled Cuba
Three Days in March
Raíces cubanas
Álbum de Cuba
Rescatando a Martí
Un Festín de Palabras
Damn the Revolution
Madame Secretary
La Gran Estafa
La Memorias del Almirante Cervera
Matanzas en la Independencia de Cuba
La Guerra del 1868
La Tregua Fecunda
La Guerra del 95
Our Consul in Havana
El Diario de Guerra de Máximo Gómez
Cuba bajo la Bandera Norteamericana
Cuba en 1958
Cuba en 1959
Cataclysm or Hoax
La Habana en sus 500 Años

COLECCIÓN CUBA Y SUS JUECES

DEDICATORIA

A cientos de cubanos nacidos en los años
en que Cuba ha sufrido bajo el Marxismo y que
nunca han conocido una Habana
hermosa, emancipada e ingeniosa,
orgullo de la República
que los cubanos, con miles de sacrificios,
forjaron en tres Guerras de Independencia.

Este 19 de noviembre La Habana cumple 500 años de fundada. Ha sido desde sus inicios una ciudad mágica, culta, bohemia y espléndida, aun bajo la opresión de un sistema político que trata de convertirla en ruinas y llenarla de deterioro, escasez, penurias y desilusiones. Esta Habana nuestra se resiste a la decadencia y pelea para sobrevivir recordando su historia de galeones, sus casi 300 años de vida Universitaria, su pionera arquitectura, sus grandes avenidas, su vocación musical y su rivalidad cultural como el Paris del nuevo mundo. Así se ha comportado siempre La Habana que albergó a Lecuona, Benny Moré, Celia Cruz y Marta Pérez. La Habana que cultivaron Gastón Baquero, Jorge Mañach, Cabrera Infante y Lezama Lima. La Habana de José Martí, Varela, Echeverría y Juan Gualberto. La Habana de fastuosas rejas, balcones, calzadas y parques, hermosas avenidas y calles con acogedores portales y majestuosas columnas, coexistiendo con grandiosas fortalezas españolas y un virtuoso ajiaco de blancos, negros, chinos, mulatos y todas las razas del planeta. Este modesto libro destaca como nació y progresó la fascinante y hechicera ciudad de La Habana a lo largo de sus 500 años de vida.

EDICIONES UNIVERSAL, Miami, Florida, 2019

La Fundación de la ciudad de La Habana en 1519...

«... fundóse la villa hoy Ciudad de La Habana el año 1515 y al mudarse de su primitivo assento a la rivera de ese puerto el de 1519... donde se halló una frondosa seiba baxo de la cual se celebró la primera misa y cabildo... »

COLECCIÓN CUBA Y SUS JUECES

DEDICATORIA

A cientos de cubanos nacidos en los años
en que Cuba ha sufrido bajo el Marxismo y que
nunca han conocido una Habana
hermosa, emancipada e ingeniosa,
orgullo de la República
que los cubanos, con miles de sacrificios,
forjaron en tres Guerras de Independencia.

Este 19 de noviembre La Habana cumple 500 años de fundada. Ha sido desde sus inicios una ciudad mágica, culta, bohemia y espléndida, aun bajo la opresión de un sistema político que trata de convertirla en ruinas y llenarla de deterioro, escasez, penurias y desilusiones. Esta Habana nuestra se resiste a la decadencia y pelea para sobrevivir recordando su historia de galeones, sus casi 300 años de vida Universitaria, su pionera arquitectura, sus grandes avenidas, su vocación musical y su rivalidad cultural como el Paris del nuevo mundo. Así se ha comportado siempre La Habana que albergó a Lecuona, Benny Moré, Celia Cruz y Marta Pérez. La Habana que cultivaron Gastón Baquero, Jorge Mañach, Cabrera Infante y Lezama Lima. La Habana de José Martí, Varela, Echeverría y Juan Gualberto. La Habana de fastuosas rejas, balcones, calzadas y parques, hermosas avenidas y calles con acogedores portales y majestuosas columnas, coexistiendo con grandiosas fortalezas españolas y un virtuoso ajiaco de blancos, negros, chinos, mulatos y todas las razas del planeta. Este modesto libro destaca como nació y progresó la fascinante y hechicera ciudad de La Habana a lo largo de sus 500 años de vida.

EDICIONES UNIVERSAL, Miami, Florida, 2019

La Fundación de la ciudad de La Habana en 1519...

«... fundóse la villa hoy Ciudad de La Habana el año 1515 y al mudarse de su primitivo assento a la rivera de ese puerto el de 1519... donde se halló una frondosa seiba baxo de la cual se celebró la primera misa y cabildo... »

Raúl Eduardo Chao

La Habana en sus 500 Años
Una historia ilustrada de La Habana

«*Detén el paso caminante, adorna este sitio un árbol de una ceiba frondosa, más bien diré signo memorable de la prudencia y antigua religión de la joven ciudad... Mira, pues, y no perezca en lo porvenir la fe habanera. Verás una imagen hecha hoy en la piedra, es decir el último de noviembre de 1754...*»

Inscripción en la *Lápida del Templete*, situada al lado de la columna conmemorativa de la fundación de la ciudad, erigida por el gobernador, mariscal de campo Francisco Cajigal de la Vega, en 1754.

Copyright © 2019 by Raúl Eduardo Chao

Primera edición, 2019

EDICIONES UNIVERSAL
P.O. Box 450353 (Shenandoah Station)
Miami, FL 33245-0353. USA
Tel: (305) 642-3234 Fax: (305) 642-7978
(Desde 1965)

e-mail: ediciones@ediciones.com
http://www.ediciones.com

Library of Congress Catalog Card No.: 2019952359
ISBN-10: 1-59388-309-9
ISBN-13: 978-1-59388-309-6

Diseño de la Cubierta: Luis García Fresquet

CUBIERTAS:
Gustavo Acosta
(fragmentos de sus obras sobre La Habana)
Aliens, Diálogo con las Piedras, Lección de Historia,
Dudas en la Frontera, Trompe L'Oeil, Alucinación,
Siete Días con Saturno.

Todos los derechos
son reservados. Ninguna parte de
este libro puede ser reproducida o transmitida
en ninguna forma o por ningún medio electrónico o mecánico,
incluyendo fotocopiadoras, grabadoras o sistemas computarizados,
sin el permiso por escrito del autor, excepto en el caso de
breves citas incorporadas en artículos críticos o en
revistas. Para obtener información diríjase a
Ediciones Universal.

DE ESTO SE TRATA ESTE LIBRO...

«...La Habana es el lugar que más quiero en el mundo, después de mi patria. Soy en el fondo un cubano sato...»
ERNEST HEMINGWAY

«... La Habana es un verdadero paraíso. Si algún día me pierdo, que me busquen en Andalucía o en La Habana...»
FEDERICO GARCÍA LORCA

«... Mi nueva visión de La Habana que he tocado, su existencia misma, queda ya incorporada a lo mejor de mi memoria...»
JUAN RAMÓN JIMÉNEZ

«... La Habana, mi Habana, es uno de los mejores placeres que conozco...»
W. SOMERSET MAUGHAM

«... Creo que he tratado muchas veces de incluir a La Habana en mis escritos... fue en un tiempo una ciudad grande y fascinante...»
GUILLERMO CABRERA INFANTE

«... En un museo de la Habana hay dos cráneos de Cristóbal Colón, uno de cuando era niño, el otro cuando era adulto...»
MARK TWAIN

«... Hace algún tiempo, cuando visitaba en La Habana una fábrica de tabacos, 400 personas enrollándolos me vieron, se pusieron de pie y me aplaudieron...»
GROUCHO MARX

«... Cuando fumo un tabaco mucho tiempo, mi labio superior adquiere el típico rizo habanero...»
THOMAS ALBA EDISON

El Descubrimiento de América, o el Encuentro de Europa con América, se debió a los Reyes **Isabel de Castilla** y **Fernando de Aragón** y, por supuesto, al navegante genovés **Cristóbal Colón**. Isabel y Fernando costearon y respaldaron la hazaña, después que Colón había infructuosamente tratado de conseguir el apoyo de los reyes **Juan II de Portugal** y **Enrique VII de Inglaterra**. Gracias a su seguridad en sí mismo y su entusiasmo visionario, Colón persuadió a los Reyes Católicos de aceptar su proyecto, aunque nada habría logrado sin el apoyo decidido de varios personajes clave de la corte castellana. En la negociación final, Colón exigió que se le concediera el título hereditario de **Almirante del Mar Océano**, el cargo de **Virrey y Gobernador** y el diez por ciento de las ganancias del descubrimiento. Cuando los consejeros de Isabel consideraron que eran condiciones desorbitadas, Colón partió airado a Córdoba, pero la reina lo volvió a llamar y el 17 de abril de 1492 se firmaron las capitulaciones.

Colon viajó al Nuevo Continente durante doce años: 1492-1504. Sus cuatro travesías fueron: un **primer viaje** (1492-1493), con tres naves y 120 hombres, que desembarcaron en la isla de Guanani (hoy Watting) en las Bahamas), Cuba y Santo Domingo (llamadas, respectivamente, *Juana* y la *española*). Un **segundo viaje** (1493-1496), con diecisiete naves y mil quinientos tripulantes, visitando las Antillas Menores, Puerto Rico, Cuba, Santo Domingo y Jamaica. Un **tercer viaje** (1498-1500), con seis navíos, tres de los cuales fueron directamente a La Española y los otros visitaron el sur de las islas Trinidad, Margarita y de nuevo la española. Fue la primera vez que Colón tocó tierra firme en la desembocadura del rio Orinoco. Por último, un **cuarto viaje** (1502-1504), con cuatro naves y ciento cuarenta tripulantes, que visitaron Cuba, Honduras, Costa Rica, Panamá y Jamaica.

En las páginas siguientes aparecen imágenes de las **dos visitas de Colón** a la corona española (al cerrar el pacto con los Reyes Católicos y al volver triunfante del primer viaje de descubrimiento), una reproducción del llamado **documento colombino**, firmado por fray Juan Pérez, representando a Colón, y Juan de Coloma, secretario de Fernando el Católico y dos de los muchos lienzos que presentan la **llegada de Colón** al nuevo mundo, un óleo de 1862 de *Dióscoro Teófilo Puebla* (1831-1901), hoy en el Ayuntamiento de La Coruña y otro de *José Garnelo y Alda* (1866-1944), un mosaico con la figura de **Juan de la Cosa**, el primer cartógrafo que dibuja el nuevo mundo y la isla de Cuba y ese mapa, hoy en día en el Museo Naval de Madrid.

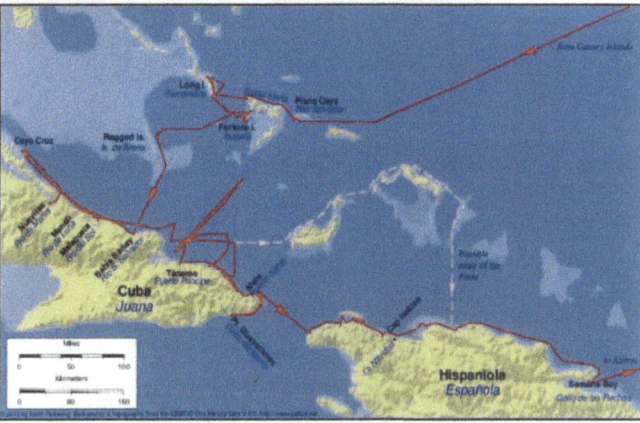

Los Reyes Católicos recibiendo a Colón, el primer viaje de descubrimiento y el Almirante con los Reyes a su vuelta del primer viaje.

Dos representaciones de Cristóbal Colón desembarcando en Cuba,
según *Teófilo Puebla* y *José Garnelo*,
y los Reyes Católicos recibiendo la rendición de Granada.

Una vista del Tratado Colombino entre los Reyes Católicos y Cristóbal Colón, firmado el 17 de abril de 1492, un mosaico con Juan de la Cosa y su célebre *Mapamundi*.

La **Carta de Marear** o Mapamundi de **Juan de la Cosa** está considerada como uno de los documentos más importantes de la cartografía española. Su trascendencia no solo está avalada por su gran antigüedad —fue confeccionada en el año 1500— sino también porque en ella aparecen representadas, por primera vez, las nuevas tierras encontradas por los marinos europeos hacia finales del siglo XV. Delineado por uno de los testigos de aquellos viajes, este antiquísimo mapa es una joya entre todos los que describen el llamado *Nuevo Mundo*.

Realizado en pliegos de piel de ternera, Juan de la Cosa representó en el pergamino las tierras del *Nuevo Mundo* coloreadas en verde, no así las del *Viejo Mundo*, a las cuales no les dio color. Al estilo de los viejos mapistas, donde la decoración desempeñaba un papel importante, De la Cosa colocó, junto a los accidentes geográficos más sobresalientes y evidentes, a los **Reyes Magos** trasladándose a caballo, y a otros personajes legendarios, incluso al gigante **San Cristóbal**, la **Rosa de los Vientos** junto con banderas y muchos otros detalles fueron recreados e ilustrados con las técnicas de la acuarela y la tinta.

Las Antillas y zonas costeras de la América del Sur aparecen incluidas en el mapa; pero es **Cuba**, definitivamente definida como una isla, el elemento que más impresiona. Si tomamos en consideración que De la Cosa realizó el Mapamundi seis años antes del fallecimiento del Gran Almirante Cristóbal Colón, y que este murió con el convencimiento de que *la tierra más hermosa* donde había desembarcado un 27 de octubre del año 1492 era una península de Asia, el documento transciende cánones y traspasa las fronteras del conocimiento de toda su época.

Este Mapamundi, preparado por el marino y cartógrafo cantábrico **Juan de la Cosa**, fue un documento al que accedieron muy pocas personas en su tiempo. No obstante, su excepcionalidad -según el testimonio fechado en 1514 por el capellán de la reina Isabel la Católica Pedro Mártir de Anglería- sabemos que este mapa se encontró entre las **Cartas de Marear** más valoradas de aquellos tiempos.

Esta obra de la cartografía española estuvo perdida, o tal vez resguardada en algún repositorio en el Viejo Mundo, poco más de dos siglos. En el siglo XIX los estudiosos e investigadores de la geografía americana, el alemán **Alejandro de Humboldt** y el gallego **Ramón de la Sagra**, la rescataron del olvido. Este último la reprodujo parcialmente en una de sus obras.

Se sabe que Juan de la Cosa acompañó al Gran Almirante durante su primer viaje de descubrimiento en 1492, y que participó, durante el segundo viaje, en la exploración que se hiciera de la costa cubana. Fue, paradójicamente, uno de los firmantes del juramento que Colón obligó a rubricar a sus marinos declarando que *"Cuba no era isla que la mar rodeaba."* En 1510, en su séptima misión a América en favor de la corona española, y encontrándose bajo las órdenes de Alonso de Ojeda, **Juan de la Cosa** murió en un combate que su tropa sostuvo con indios que vivían en la franja costera al norte de las actuales Colombia y Venezuela.

En el verano de 1832, el Barón de Walckenaer, embajador de Holanda en Madrid, paseando por los kioscos de antigüedades de Clignancourt en París, encontró un viejo mapamundi, manuscrito en dos piezas de cuero unidas. Estaba firmado: *"Juan de la Cosa lo fizo en el Puerto de S. Mª en año de 1500"*. Acababa de encontrar el más antiguo de todos los mapas que se han hecho del continente americano.

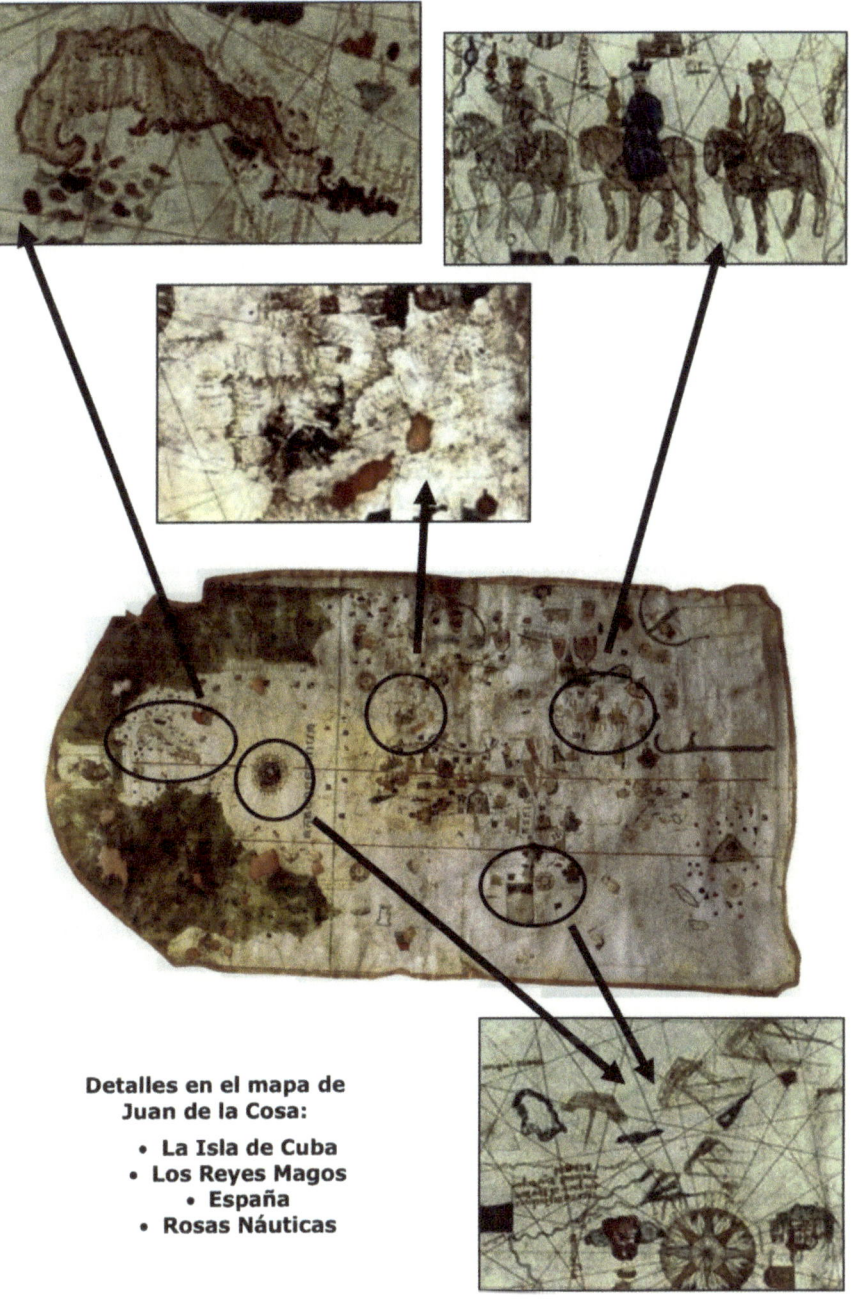

Detalles en el mapa de Juan de la Cosa:

- La Isla de Cuba
- Los Reyes Magos
- España
- Rosas Náuticas

Una vez bojeada la isla en 1508 por **Sebastián de Ocampo** en cumplimiento de órdenes de **Nicolás de Ovando**, gobernador de *La Española*, el *"adelantado»* **Diego Velázquez de Cuellar**, realizó la campaña de colonización de Cuba, siendo el primer gobernador de la isla. De este periplo irregular, que duró de 1511 a 1515, nacieron las siete primeras villas coloniales cubanas:

Baracoa (1511),
Bayamo (1513),
La Santísima Trinidad (1514),
Santa María del Puerto del Príncipe (1514),
Espíritu Santo (1514),
Santiago Apóstol (1515) y
San Cristóbal de La Habana (1515).

Todas estas villas fueron fundadas en las cercanías de poblados ya establecidos por los *Tainos*. Los españoles confiaron que, conociendo la zona como era evidente que lo hacían, la mejor decisión era, aunque fuera provisionalmente, establecer las primeras viviendas españolas en lugares ya probados por los nativos. En el caso de La Habana, aunque se considera su nacimiento definitivo el 16 de noviembre de 1519, se fundó inicialmente en 1515.

San Cristóbal de La Habana, originalmente organizada en la desembocadura del río **Mayabeque** (también conocido como el *Onicaginal* o e *Guinicajina*), fue definitivamente trasladada y establecida el 16 de noviembre de 1519 en el borde interior de una bahía de excepcionales condiciones como puerto natural, donde, a propósito, ya existía un asiento de españoles conocido como **Puerto Carenas**. Por muchos años fue simplemente un pequeño poblado zigzagueante y errático, varias veces expuesto a la desaparición... pero allí creció lentamente alejada de las rutas comerciales y de los focos de mayor interés colonizador.

Cuando los colonizadores españoles fundaban un poblado, solían clavar en el lugar una estaca y una cruz cerca de algún árbol corpulento e interesante y estar cerca o a un lado de una comunidad indígena. Siempre los nativos acogían pacíficamente a los recién llegados, pero, si lo hacían, los recién llegados aseguraban tener algunas provisiones indispensables. Casi nunca aceptaban los ofrecimientos de platillos exóticos y repugnantes como las iguanas o las jutías asadas, o raros peces que nunca antes habían visto. En cuanto a algo semejante al pan o al vino, Cristóbal Colón comentó en una de sus cartas a Diego, su hijo...

> *«...es necesario adecuarse al casabe de los nativos... la harina de Castilla que traemos casi siempre llega húmeda por almacenarse en el fondo de las carabelas... se agusana muy fácilmente... igual de malo es el vino al llegar a estas tierras, se torna agrio por su pobre resistencia al clima tropical... »*

Ese es posiblemente el origen del dicho cubano *"a falta de pan... casabe."*

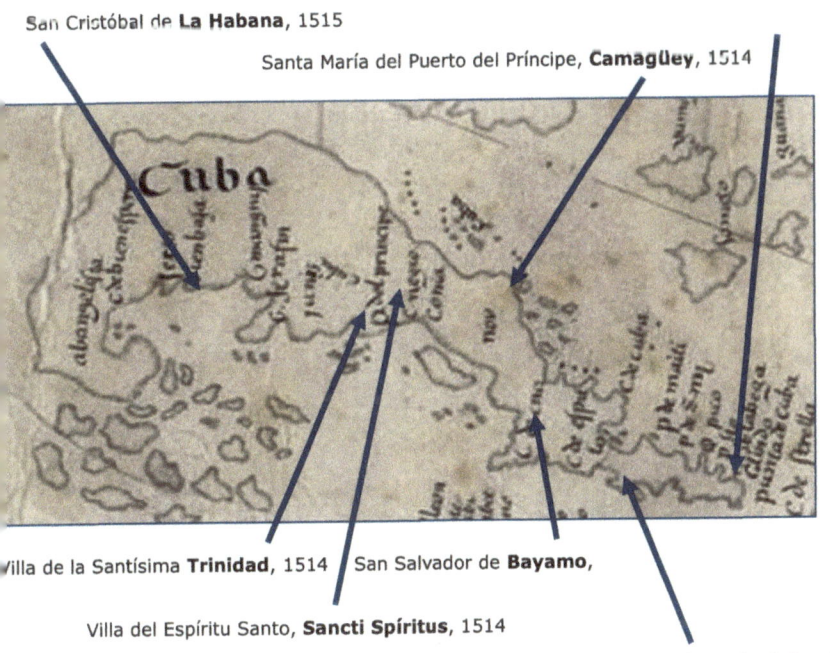

Velázquez

Ovando

Nuestra Señora de la Asunción de **Baracoa**, 1511

San Cristóbal de **La Habana**, 1515

Santa María del Puerto del Príncipe, **Camagüey**, 1514

Villa de la Santísima **Trinidad**, 1514

San Salvador de **Bayamo**,

Villa del Espíritu Santo, **Sancti Spíritus**, 1514

Villa del Apóstol **Santiago de Cuba**, 1515

La Habana en sus 500 Años

La fundación original de La Habana cerca de la desembocadura
del río Mayabeque, en la costa del valle de Güines.

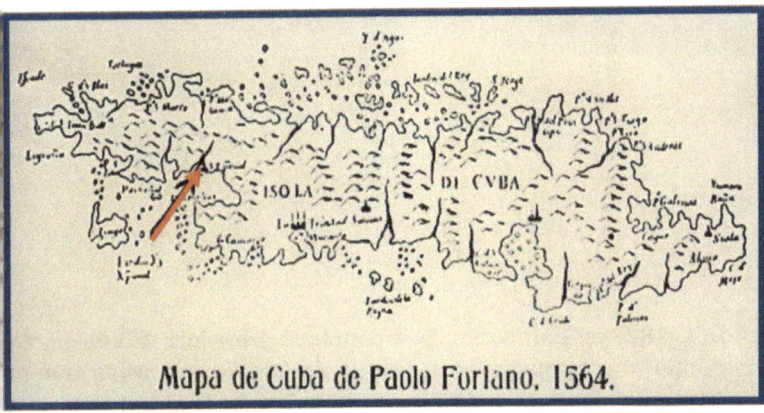

Mapa de Cuba de Paolo Forlano. 1564.

El mapa de Forlano, en 1564, aun muestra La Habana en la costa sur.
Los otros dos ya la sitúan en la costa norte de Cuba.

En el año de 1827 el Exmo. Sr. D. **Francisco Dionisio Vives** pensó erigir un monumento o templete en memoria de la **primera misa** que se ofició en **La Habana** en el **año 1519**. El monumento fue dedicado a la reina **Amalia de Sajonia** y la apertura de **El Templete** se llevó a cabo el día de su santo, 18 de marzo de 1828. La tradición señalaba el lugar en que hoy se alza el Templete como el primero donde se dijo Misa en el puerto habanero, debajo de una hermosa ceiba que allí estaba. También se contaba que a su sombra se celebró el primer cabildo en 1519. Esa ceiba subsistió hasta entrado el año de 1758 en que se desintegró por la acción del comején.

A un lado de la ceiba se encuentra una pequeña pirámide con una inscripción latina que dice...

«Siste Gradum Viator. ornar. hunc locum Arbos Seba frondosa Potius Dixerint Primeve Civitatis Prudentiæ Religionis Primeve Memorabile Signum: Liquidem ejus subumbra a prime Hac in Urbe Immolaty Salutis autor. Habitus Prim. Prudentum Decurionum Senatus Duobus pius ab In seculis Perpetua Traditione Habebatur. Cessit tamen Etati. Intuere Igitur et Ne Pereat in Posterum Habanensem Fidem. Imaginem supra petram fundatam Hodie Nimirum VLT. Mensis Novembris. Anno. MDCCLIV.»

(Detén el paso, caminante, adorna este sitio un árbol, una ceiba frondosa, más bien diré que es un signo memorable de la prudencia y antigua religión de esta joven ciudad, pues ciertamente bajo su sombra fue inmolado solemnemente en esta ciudad el autor de la vida. Fue tenida por primera vez la reunión de los prudentes concejales hace ya más de dos siglos: era conservada por una tradición perpetua: sin embargo, cedió al tiempo. Verás una imagen hecha hoy en la piedra, es decir el último de noviembre del año 1754).

Dentro de **El Templete** se encuentran dos importantes cuadros al óleo, obra del célebre pintor Francés **Juan Bautista Vermay**, cuyas cenizas se conservan al lado de su busto de mármol dentro del recinto. El cuadro mayor representa la Misa celebrada el 18 de marzo de 1828, viéndose a la extrema derecha un retrato del **Obispo Espada** que ofició esa ceremonia. En el de la derecha, más pequeño, se ve una representación de la primera sesión del Cabildo Habanero. **Vermey** fue el fundador de la *Academia de Arte San Alejandro* en La Habana en 1818.

El 20 de diciembre de 1592 se produjo la codificación de **La Habana** como **ciudad** bajo designio real de Felipe II:

> «...Por cuanto teniendo consideración a lo que los vecinos y moradores de la villa de San Cristóbal de la Habana, me han servido en su defensa y resistencia contra los enemigos, y a que la dicha villa es de las principales de la isla y donde residen mi Gobernador y Oficiales de mi Real Hacienda, deseo que se ennoblezca y aumente: por la presente quiero y es mi voluntad que ahora, y de aquí en adelante para siempre jamás la villa sea y se intitule la ciudad de San Cristóbal de la Habana, de la dicha isla de Cuba...»

En la página siguiente, en la imagen a lo alto, se muestra una de las primeras vistas de **La Habana**, extrañamente mostrando una columna de humo, típica de los escondites de *bucaneros*... también se ven edificios inexistentes, posiblemente para destacar un progreso que aún estaba por llegar.

La segunda es una vista que destaca el castillo de **La Fuerza** al final de la estrecha entrada del puerto habanero y, con menos detalle, los de **El Morro** y **La Punta**, así como la **cadena** que se extendía habitualmente a la entrada del puerto para proteger a los habitantes de los riesgos de la piratería. Se observan varias casas y lo que posiblemente sea **El Templete**, al sur de la fortaleza de La Fuerza.

En la parte inferior de la página se presenta una vista que destaca las **Lomas de La Habana**: Roma tiene 7 colinas... todas superan los 100 metros sobre el mar... La Habana tiene 9, ninguna de las cuales sobrepasa los 100 metros sobre el mar.

- **Atarés**, con un Castillo del Siglo XVIII.
- **Del *Mazo***, aledaña al barrio de *Las Yaguas* (hojas fibrosas de la Palma Real, utilizadas para empacar tabacos de la más alta calidad, que los habitantes de las Yaguas utilizaban para hacer sus casas).
- **Del *Burro***, separando Luyanó de Lawton... donde estaba más tarde el moderno Hospital Hijas de Galicia... una zona de papalotes, solares y brujería...
- **De *Chaple***, con muchas mansiones en primera mitad del siglo XX. El principal centro habitacional durante la *danza de los millones*...
- **De *Jesús del Monte***, con la vetusta primera Iglesia extramuros, donde fueron ahorcados los vegueros en el alzamiento de 1723...
- **De *Aróstegui***, la colina Universitaria, con 88 escalones y el *Alma Mater*...
- **Del *Príncipe***, fortaleza y cárcel, una colina rica en piedra caliza.
- **De La *Cabaña***, desde donde se tira el cañonazo a las 9:00 PM. La mayor edificación militar española de América, construida por Carlos III en 1764.
- **Del *Ángel***, famosa desde el siglo XIX por *Cecilia Valdés*.

La Habana en sus 500 Años 21

El origen del nombre **Habana** se deriva posiblemente del poderoso cacique Taíno **Habaguanex**, jefe de la zona donde se estableció la capital de la isla, cuyo semblante se muestra a la derecha.

Algunos investigadores, sin embargo, señalan que el vocablo **Habana** no es más que una corrupción de la palabra taína **sabana**, pronunciada en el dialecto de los arahuacos occidentales cubanos como **jabana**, la cual pasó al español actual con su significado original. Aparentemente así denominaban los Tainos a la comarca del sur de La Habana.

Otra tesis menos probable plantea que **Habana** viene de **haven** (puerto) o **gaven** (fondeadero), en las lenguas germánicas.

Otra teoría señala que el vocablo **Habana** proviene de una antigua leyenda en la que la india **Guara**, se enamoró de un conquistador español, al cual le confió cómo y por dónde asaltar un asentamiento indígena. Al ver la carnicería causada por los soldados españoles, Guara enloqueció y se arrojó al fuego. Al dar sepultura a los restos de Guara, los nativos repetían la palabra "abana", lo que en lengua Arauca querría decir: **está loca**.

Otra interpretación del origen de la palabra **Habana** hace referencia a cuando los españoles estaban bojeando la isla de Cuba y, en medio de un fuerte vendaval, llegaron a un lugar donde se alzaba una gran roca, en la que estaba sentada la más hermosa india que pueda imaginarse, con una larga cabellera, negrísima como el azabache, que parecía como un manto que cubría su bien formado cuerpo broncíneo. Al preguntarle ¿Quién eres?, la india respondió: **Habana**. Al preguntarle ¿Cómo se llama este lugar?, ella respondió: **Habana**. Uno de los cartógrafos de la expedición española hizo un croquis de la bella india sobre la roca y debajo escribió: "... *desde este momento este lugar se llamará* **La Habana**..." Años después ese croquis sirvió como modelo de la estatua de la india que hoy se encuentra en la ciudad.

La **Fuente de la India** que se muestra en un grabado a la derecha, fue diseñada en 1836 por el arquitecto italiano **Tagliafichi** y la estatua de la India fue tallada en mármol de Carrara por el escultor **Giusseppe Gagginni**. El grabado fue hecho en 1841 por el artista francés **Antonio Razzonico**.

Al instalarse la fuente extramuros (ver figura a la derecha) fue objeto de una rápida popularidad entre los habaneros al situarse frente a **Puerta de Tierra**, a la salida de la vieja ciudad, de espalda a la más odiosa puerta del Campo de Marte, la **Puerta de Tacón**.

La **Plaza de Armas** fue la primera y más importante de las plazas creadas en la villa de San Cristóbal de la Habana. Fue trazada en 1520 e inaugurada en 1559, 40 años después de la fundación de La Habana. No se la conoció como **Plaza de Armas** hasta el siglo XVI, cuando el gobernador colonial comenzó a utilizar este lugar para llevar a cabo ejercicios militares.

Por aquel entonces se la conocía como **Plaza de la Iglesia**, debido a que albergaba la **Iglesia Parroquial Mayor**, que estaba ubicada donde hoy se encuentra el **Palacio de los Capitanes Generales**.

En año 1589 la plaza adquirió la forma y tamaño actual. Su localización original fue entre el **Castillo de la Real Fuerza** y la **Iglesia Parroquial Mayor**, que dejó de existir debido a la explosión del *Invencible*, un navío situado en el puerto.

Alrededor de la **Plaza de Armas** estuvieron desde un primer momento parte de los edificios más importantes de La Habana. En el centro de la plaza se erigió en 1834 la estatua del rey **Fernando VII**, el Deseado. Hoy en día ocupa ese lugar de honor una estatua de **Carlos Manuel de Céspedes**, el Padre de la Patria. Colocada allí en 1955.

En el mapa a la derecha se indica la ubicación de los principales edificios de interés alrededor de **La Plaza de Armas**, en la zona que los habaneros conocen como **La Habana Vieja**.

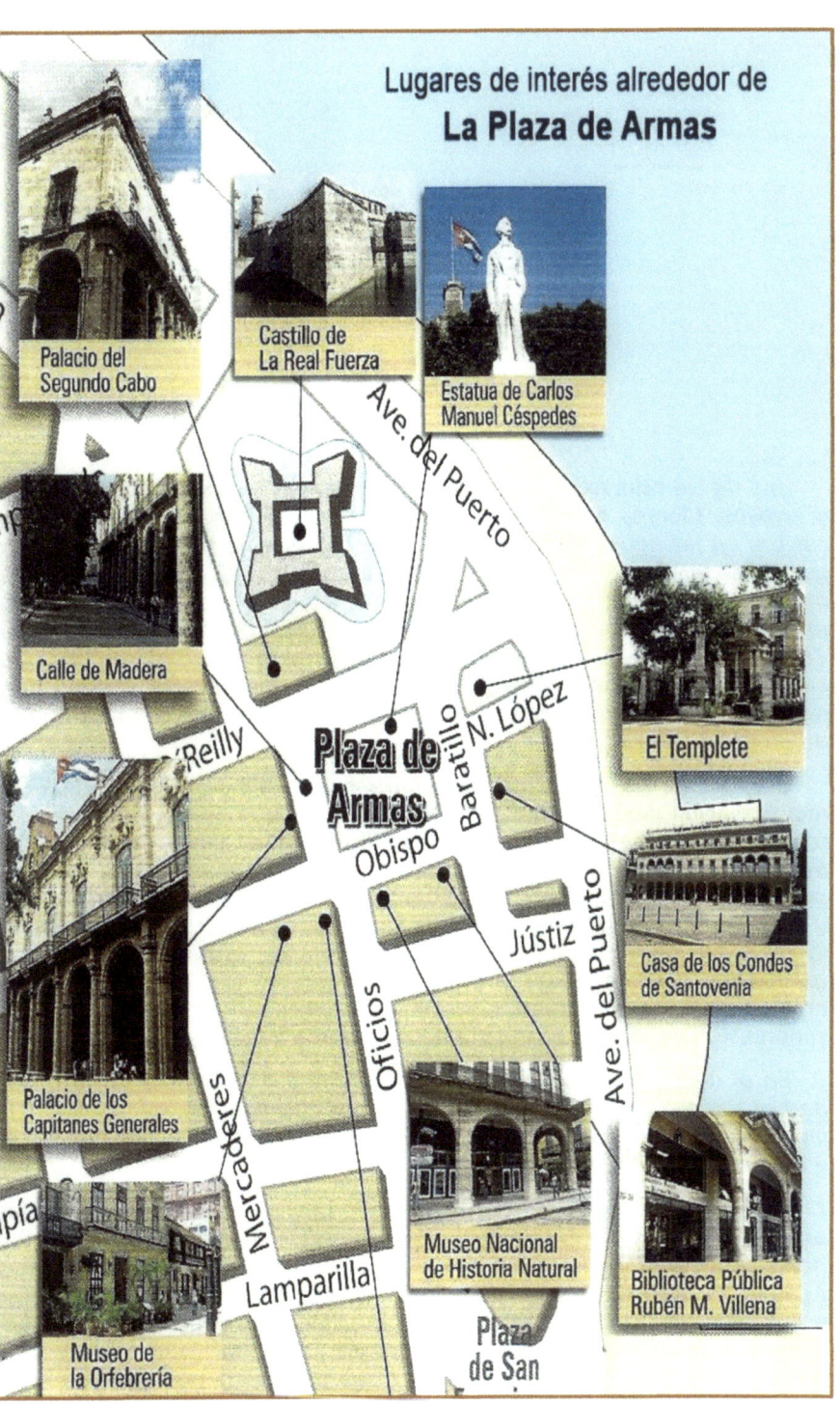

Una de las primeras industrias de Cuba fue la búsqueda de oro en ríos y arroyos. Cientos de nativos fueron hechos prisioneros y obligados buscar oro en las aguas de Cuba. Encontraron suficiente oro para que de los españoles hicieran fortuna antes de darse por vencidos y pensar que Cuba no contenía ya más oro en 1547. De hecho, en la historia de Cuba, los primeros años de recolección de oro fueron conocidos como la *"minería Taina"* o la *"minería indígena."* Tan exitosa fue la búsqueda de oro que cuando **Hernán Cortés** partió hacia México, pudo llevarse consigo para sufragar su viaje exploratorio, todo el balance de oro que se había recogido en Cuba en ese año.

Durante los años de la **minería indígena** la isla de Cuba contaba con una población de 112,000 habitantes. Las pepitas y arenas de oro se obtenían principalmente de los aluviones de los ríos Gibara, Jobabo, Guáimaro, Agabama (Fomento, Las Villas), Arimao (Cumanayagua, Cienfuegos) y Guaracabuya (Placetas, Las Villas), así como las arenas de cañadas y hasta el polvo de algunos caminos. Los Tainos ya buscaban oro antes de la conquista para elaborar los amuletos, collares, **duhos** (banquillos ceremoniales para caciques) y **guayzas** (mascaras con incrustaciones de oro) que mostraban durante sus rituales artísticos y religiosos. Los colonizadores convirtieron la búsqueda de oro en una industria organizada.

En el diario de Colón aparecen **65 páginas** dedicadas a la búsqueda de oro, entre el 12 de octubre de 1492, en que desembarcó por primera vez en Cuba y el 17 de enero de 1493, en que Colón volvió por última vez a la península.

La búsqueda de oro en Cuba en esa primera mitad del siglo XVI fue afanosa y con una ambición desenfrenada. A **La Habana** llegaban numerosos cargamentos provenientes de Bayamo, Jobabo, Guáimaro, Arimao Agabama y Jaruco. En esos años (1515-1547) de La Habana se enviaron a España remesas de oro con valor de 3 millones de pesos, que representaron 600,000 pesos del impuesto a la casa real conocido como *"el quinto de la Corona."* No fue sino hasta 1547 que culminó la búsqueda de oro y se inició la minería del cobre.

Las guerras de España en el siglo XVI y buena parte del XVII, así como la cantidad de oro que Cuba producía y se trasegaba en la capital, se convirtieron en acicate para que La Habana fuera blanco directo del corso y la piratería. La joven ciudad era un punto de tránsito obligado para los barcos que llevaban a Europa las riquezas de las tierras descubiertas, de modo que en fecha tan temprana como 1537 ya se reportaban las primeras incursiones de piratas. Ese año, por ejemplo, una nave conducida por corsarios franceses se paseó por el litoral norte de Cuba, deteniéndose frente al puerto de **La Habana** y la bahía de **Matanzas**. En los alrededores de Matanzas ciertas naves corsarias eran visita frecuente con el propósito de abastecerse de agua, leña y otros suministros, los cuales obtenían de los colonos. Algún que otro pirata saqueó tanto **La Habana** como **Matanzas**, para detrimento y disgusto de los pobladores. Nada, sin embargo, llegó a lo que hicieron el francés **Jacques de Sores** y el holandés **Piet Heyn**, más conocido como *Pata de Palo*.

El ataque más destructivo que sufrió La Habana estuvo liderado por **Jacques de Sores**, el día 10 de Julio de 1555. Dos carabelas anclaron en Guanabacoa; 200 corsarios con arcabuces desembarcaron por la caleta de San Lázaro, ocuparon el pueblo y conminaron a rendirse al **Castillo de la Fuerza Vieja**, que, con solo 16 hombres, les ofreció resistencia. De Sores saqueó y quemó todas las casas y la Iglesia, y con algunas piezas de artillería abrió fuego contra el castillo, dándole candela a las puertas. Al mediodía del día 12, el Castillo de la Fuerza se rindió.

Piet Heyn, por su parte, fue un terror para los españoles principalmente alrededor de la isla de Cuba. Heyn era un corsario de poca monta, pero después de ser capturado por los españoles y esclavizado en la galera de un barco, las cosas cambiaron. Conocía la **flota de plata**, los galeones españoles que recolectaban el oro y la plata a lo largo de la costa desde Panamá hasta México y se reunían en La Habana antes de salir para España. **Pata de Palo** capitaneó una flota de alrededor de 30 barcos y comenzó a buscar navíos españoles. Encontró un grupo de galeones tan cargados de oro y plata que tenían bloqueados muchos de sus cañones. Los hombres de Heyn abordaron rápidamente los galeones españoles dentro de la bahía de Matanzas y en la costa cubana frente al puerto de La Habana. Durante varios días sustrajeron la carga de más de 34 toneladas de plata. Finalmente, Heyn regresó a los Países Bajos con alrededor de quince barcos españoles capturados, así como su flota original. El resto de la flota española fue quemada en el puerto de La Habana.

Hasta 1521, la navegación entre España y América se realizaba con simples navíos, carentes de protección, con libertad sobre la ruta y fechas. En esa época los buques de Indias tenían cañones y partían de 8 puertos españoles (La Coruña, Bayona, Avilés, Laredo, Bilbao, San Sebastián, Cartagena y Málaga) autorizados para el comercio con las Indias, siempre y cuando el viaje de vuelta terminara en Sevilla o en Cádiz donde había que pagar el *"quinto de la corona."*

Debido a la frecuencia de asaltos de corsarios, piratas, bucaneros y filibusteros, la Corona española aprobó la **Real Provisión** de 13 de junio de 1522,

> «*...se juzga necesario crear una armada para proteger* la **Flota de Indias***...*»

A partir de 1524, las naves se reunían en **La Habana** para darse mutua protección, defendidas por cuatro galeones armados, pagados por un impuesto o *"tasa de avería."* Éste servía para financiar las armadas que protegían a las flotas comerciales que cubrían el circuito entre Indias y la metrópoli.

> «*...Cada una de dichas flotas tendrá al menos 10 buques de 100 o más toneladas. Una vez en el Caribe cada mercante marchará a su puerto respectivo, mientras que el buque de guerra se dedicará a perseguir a los piratas, tomando La Habana como base. Al cabo de tres meses todos los mercantes se reunirán en La Habana con los buques de guerra y emprenderán el regreso a España...*»

Lo único que salvó a **La Habana** de los ataques de piratas, corsarios y bucaneros fue esa decisión de la Corona.

A pesar de la percepción general de que muchos galeones españoles fueron capturados por piratas o corsarios, lo cierto es que, en más de 250 años de servicio, las pérdidas por ataques fueron mínimas y la **Flota de Indias** fue una de las operaciones navales más exitosas de la historia. La flota de **1628** fue capturada por el holandés **Piet Heyn** en la batalla de la **Bahía de Matanzas**, y las de **1656** y **1657** fueron capturadas por los ingleses **Richard Stayner** y **Robert Blake** durante la guerra anglo-española. La de **1702** fue destruida durante la *Batalla de Rande* en el puerto de Vigo.

Los buques de guerra que acompañaban la **Flota de Indias** estaban siempre encabezados por **La Capitana** (con el jefe comercial), que abría la formación y por **La Almiranta** (con el jefe de seguridad). Siempre estaban acompañados por unas 8 a 10 **carracas** cargadas con 200 o 600 toneladas de tesoros, que navegaban a barlovento con esa carga. Tanto **La Capitana** como **La Almiranta** tenían un porte de unas 300 toneladas, transportando cada una unos 100 marineros, todos con su propio mosquete. Ambos buques estaban armados con 8 cañones de bronce, 4 de hierro y 24 piezas menores de artillería.

En la página del frente se presentan la **flota**, uno de los **galeones** en el puerto de **La Habana** y una de las **carracas** ilustrando su carga.

La Habana en sus 500 Años

Las mercancías que se embarcaban hacia las Indias solían ser de muy diverso tipo: manufacturas extranjeras (telas holandesas, francesas e italianas), sedas españolas, productos agrícolas peninsulares (vino, aceite, frutos secos), el mercurio para México, indispensable para separar la plata de la parte de roca inservible (amalgamación), hierro vizcaíno y pertrechos de guerra. Aparte del impuesto de **La Avería**, que dependía del valor de la mercancía que se transportaba, la flota se financiaba con el impuesto de **La Alcábala,** un gravamen sobre el 5 % del valor de la mercancía cuando esta entraba en un puerto americano y del 2,5 % cuando salía y **El Almojarifazgo**, un impuesto de aduana sobre todo lo no comerciable, pasajeros, comidas, documentos, que salía de España rumbo a América o viceversa.

Dos flotas salían cada año de Sevilla (luego Cádiz), una a **Veracruz** y la otra a **Cartagena** en Colombia, o **Portobelo**, en Panamá). Ambas flotas, fondeaban en el puerto de **La Habana**, recibiendo allí mantenimiento y avituallamiento, todo lo necesario para enfrentar la larga travesía a Europa. Las tripulaciones y pasajeros eran residentes temporales de la ciudad, por lo que hubo que crear una infraestructura para alimentarlos y entretenerlos. En La Habana extramuros se establecieron estancias que producían frutos menores, cerdos, etc. y se crearon unas 80 tabernas cuyas ventas de vinos fueron fuente de impuestos de ventas. Todas las mercancías y tesoros transportados por la Flota eran almacenados en **La Fuerza** hasta el momento de ser utilizados en Cuba o llevadas a España. Como fue preciso dotar a las embarcaciones de agua potable, se construyó la **Zanja Real**, que conducía agua potable desde el río **La Chorrera** (hoy **Almendares**) hasta el puerto. Por otra parte, las obras de infraestructura portuaria en **La Habana** se concentraron en la defensa y en hacer del puerto una plaza fuerte inabordable desde el exterior, pudiendo albergar entre **500 y 1.000 embarcaciones** con total comodidad.

Desde La Habana, los barcos remontaban el Canal de **Las Bahamas**, zona bastante peligrosa donde a veces algunos barcos se hundían. Desde allí se dirigían hacia las **Azores**, donde el peligro de un ataque pirata aumentaba, lo que hacía que desde Cádiz se enviaran a veces buques de guerra para recibir la flota. Desde las Azores, al llegar a España, esos enormes barcos cargados de peso tenían que remontar el **Guadalquivir** para llegar a Sevilla, luchando con los bancos de arena en su desembocadura. Debido a esto, desde 1680 los barcos partían y llegaban a **Cádiz**, trasladándose definitivamente **La Casa de Contratación** a esa ciudad en el año 1717.

Debajo, a la derecha, La Habana a fines del siglo XVII.

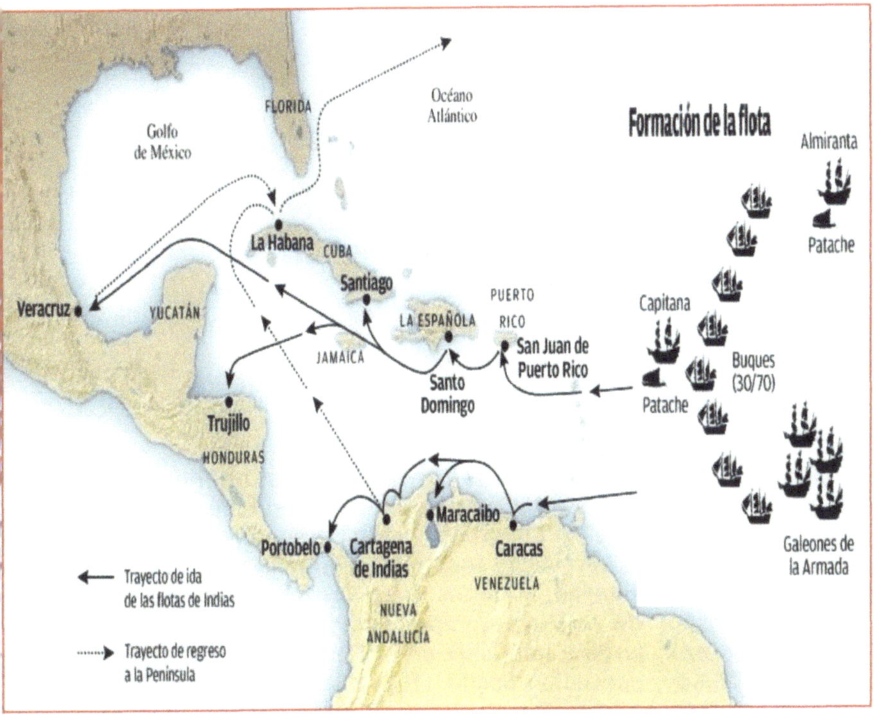
Formación de la flota
Golfo
de México
FLORIDA
Océano
Atlántico
La Habana
CUBA
Santiago
Veracruz
YUCATÁN
LA ESPAÑOLA
PUERTO
RICO
San Juan de
Puerto Rico
JAMAICA
Santo
Domingo
Trujillo
HONDURAS
Maracaibo
Caracas
Portobelo
Cartagena
de Indias
VENEZUELA
NUEVA
ANDALUCÍA
Almiranta
Patache
Capitana
Patache
Buques
(30/70)
Galeones de
la Armada
Trayecto de ida
de las flotas de Indias
Trayecto de regreso
a la Península

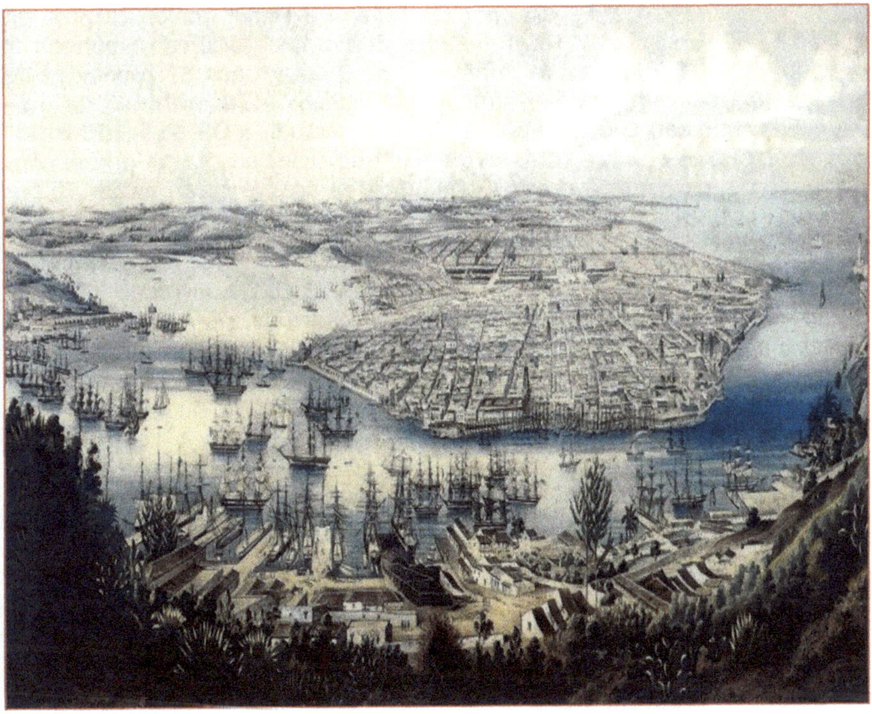

La protección de La Habana se convirtió en una prioridad para el gobierno de España. El 30 de Noviembre de 1665, la reina doña Mariana de Austria, viuda de Felipe IV, identificó como el escudo de La Habana el que tiene como símbolos heráldicos **los tres primeros castillos de la ciudad**: el de la **Real Fuerza**, el de los **Tres Santos Reyes del Morro** y el de **San Salvador de la Punta**, representados por tres torres de plata sobre campo azul, junto a una llave de oro que destaca el título de Llave del Nuevo Mundo, concedido desde 1570 a la ciudad. No fue sino hasta 1702 que se comenzaron a construir las murallas que rodeaban la ciudad.

Según los cálculos de los historiadores, entre 1521 y 1600 la plata traída *«legalmente»* a España por las flotas de Indias puede cifrarse en unas 17,000 toneladas y 181 toneladas de oro. Del total corresponden al período 1521-1560 unas 567 toneladas de plata y unas 87 toneladas de oro, con un monto total de 447 millones de pesos (**450 millones de maravedíes**, que son equivalentes, en moneda actual, a **US $15,200 Billones de Dólares**). Sobre estas cifras hay que tener en cuenta que el contrabando de los metales preciosos algunos autores lo cifran en un 50 por 100 del total. Si se tiene en cuenta, los tesoros que España extrajo de América totalizan la cifra de **US $ 30 Trillones en moneda del 2019**.

El número de naves que constituía la flota de Indias era muy diferente de un año a otro, dependiendo de las necesidades del comercio americano y de tonelaje de los buques utilizados, así como de la seguridad de la navegación a consecuencia de las actuaciones de los corsarios y piratas. En el período analizado, el año con el mayor número de buques salido de Sevilla corresponde a 1549 con 101 naves, y el menor a 1522, en que sólo salieron 18 naves. En cuanto a los lugares en los que se construían las naves para la Carrera, digamos que la mayor parte procedía de los astilleros del norte de España (Bilbao, Deusto, Santander) y el astillero de **La Habana**. La calidad de los robles vizcaínos y las maderas cubanas, unida a la experimentada mano de obra en Cuba y España, hicieron que esos astilleros tuvieran una excelente construcción naval.

A la derecha se observa el **Castillo de La Real Fuerza** en (1558) La Habana y la localización del **Castillo de los Tres Reyes Magos del Morro** (1589) y el **Castillo de San Salvador de La Punta** (1589).

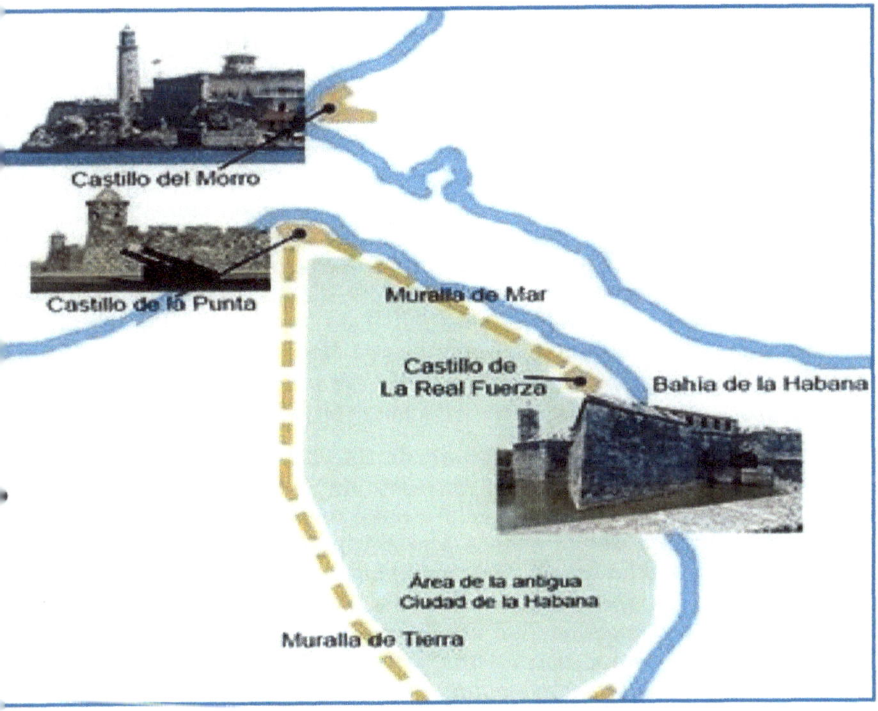

Castillo del Morro

Castillo de la Punta

Muralla de Mar

Castillo de La Real Fuerza

Bahía de la Habana

Área de la antigua Ciudad de la Habana

Muralla de Tierra

Preparando la defensa de La Habana como punto de reunión de la Flota de Indias, en el siglo XVI la construcción de defensas militares convirtió a La Habana en la ciudad mejor defendida del Nuevo Mundo. Para destacar la importancia de **La Habana** y darle atención a los residentes temporales que llegaban con la **Flota de Indias**, se construyeron edificaciones monumentales civiles y religiosas. Entre ellas se destacaron el **Convento de San Francisco de Asís** (1584), la **Iglesia del Espíritu Santo** (1638), culminando en 1728 con una autorización para fundar la **Real y Pontificia Universidad de San Gerónimo**.

El **Convento de San Francisco de Asís**, fundado por frailes franciscanos, es un edificio de arquitectura barroca situado en la plaza del mismo nombre en La Habana Vieja. Su construcción comenzó en el año 1548 y duró hasta 1591. La fachada se encuentra en la *Calle Oficios* donde se observan tres estatuas de piedra que representan a la **Inmaculada Concepción**, **San Francisco de Asís** y **Santo Domingo de Guzmán**. La iglesia sirvió de cementerio a la mayor parte de la nobleza colonial de los siglos XVII y XVIII. En 1841 el gobierno colonial español confiscó los bienes de las comunidades religiosas y el convento fue utilizado como almacén y oficinas del *Archivo General* y la *Aduana de La Habana*.

La **Iglesia del Espíritu Santo** (esquina de las calles Cuba y Acosta), fue la más antigua de Cuba, fundada por el Obispo **Jerónimo Valdés.** La iglesia comenzó como una ermita pequeña y pobre, dedicada en 1628 por los negros libres a sus santos de devoción. En 1772, fue la única iglesia en Cuba que podía conceder asilo y refugio a los perseguidos por la justicia. Entre las obras del Obispo Valdés figuró también la fundación de la **Casa de Beneficencia y Maternidad** (San Lázaro y Belascoain). La iglesia contiene varias criptas funerarias, entre ellas la del **Obispo Valdés**, cuyo sucesor fue el *Obispo Intelectual*, Don **Pedro Morell de Santa Cruz**, ordenado por el propio Obispo Valdés. Morell fue el autor de *"Historia de la Isla y Catedral de Cuba"*, la más antigua obra histórica cubana, que narra los orígenes de la sociedad insular forjada en Cuba.

La **Real y Pontificia Universidad de San Gerónimo** fue fundada en 1728 por los frailes dominicos del convento de *San Juan de Letrán* (ubicado en el casco histórico colonial de la ciudad, detrás del Palacio de los Capitanes Generales), siendo esta la primera universidad cubana y una de las primeras de las Américas. Sus facultades iniciales fueron *Artes y Filosofía, Teología, Cánones, Leyes y Medicina*. El término **Real y Pontificia**, se debe a las autorizaciones del rey **Felipe V** y el Papa **Inocencio XIII**, requisito ineludible de la época *(pruebas de legitimidad, limpieza de sangre, buena vida y arregladas costumbres)* para fundar un centro de altos estudios.

Para completar el proyecto de defensa de **La Habana** una vez iniciadas las fortificaciones del **Morro** y **La Punta**, así como los torreones de **Cojímar**, **La Chorrera** y **San Lázaro**, se decidió amurallar la ciudad para convertirla en una plaza inexpugnable.

En 1603 La Habana contaba con unos 6,000 habitantes y una *"muralla"* fue provisionalmente erigida con troncos de árboles. Las obras definitivas comenzaron en 1674 y se extendieron hasta 1797, abarcando parte del litoral y formando un arco de 4,5 km de largo, 5 pies de espesor y 20 de altura, desde **La Punta** (barrio de La Punta) hasta **El Arsenal** (barrio de Campeche), con nueve puertas de acceso (Puerta de Tierra, de la Punta, del Arsenal, de Monserrate, de Colón, de Tenaza, de Luz, de San José, de Jesús María), una dotación de 3,400 militares y 180 piezas de artillería a todo lo largo. El costo de fabricación alcanzó la cifra de 207,375 ducados y el volumen total de piedra de cantería fue de 75,000 m^3. El acceso a intramuros contemplaba un estricto horario de apertura al amanecer (4:30 AM) y cierre al anochecer (9:00 PM, notificado con un cañonazo desde la batería de la Reina, en La Cabaña).

En realidad, la muralla nunca fue de gran utilidad; jamás enfrentó un asedio, ni contuvo asalto alguno. Relativamente pronto el crecimiento de la ciudad fuera de la muralla y la poca utilidad militar de la misma, comenzó a representar un obstáculo para el tráfico y el comercio, por lo cual se decidió derribarla. La demolición empezó en 1863 y se extendió hasta inicios del siglo XX. El barrio, conocido como **Las Murallas**, pronto se convirtió en el centro de **La Habana** moderna, con grandes edificios civiles y comerciales y lujosos palacios y residencias.

A la derecha, el **plano original de 1603** que se conserva en el *Archivo Nacional de Indias* en Sevilla. **La Puerta de Tenaza**, al lado de la cual se insertó un croquis de la muralla durante el gobierno del Dr. Grau. La **Puerta de Tierra**, la primera de las puertas, instalada en 1721.

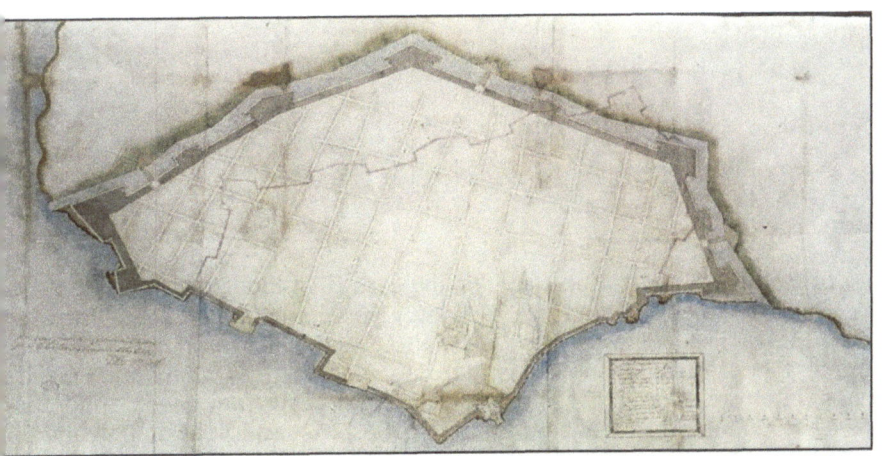

La **Toma de La Habana** por los ingleses tuvo lugar durante la *Guerra de los Siete Años* (1756-1763, Francia y España contra Prusia e Inglaterra). Hasta esa fecha las defensas de La Habana fueron muy exitosas frente a las ambiciones inglesas, pero en ese año, tras 13 intentos en fechas anteriores, los ingleses prevalecieron en sus esfuerzos de apoderarse de la ciudad de La Habana. En marzo de 1762, una flota de unas de 50 embarcaciones y más de 20,000 hombres en cuatro regimientos de infantería, al mando del **Conde de Albemarle**, surcó el Atlántico y se aprestó a reducir el Morro desde el único punto débil de la fortificación: un espacio sin mucha defensa a la altura de **La Cabaña**, una ladera cercana.

En un principio los ingleses contaban con establecer en La Habana una especie de colonia llamada *«Cumberland»* que sirviera de punto de apoyo a una invasión en la isla, por el Sur, desde la bahía de Guantánamo, pero las condiciones fueron muy hostiles tanto por el terreno, como el constante hostigamiento de las fuerzas españolas del área, por lo que, finalmente, desistieron y se conformaron con ocupar la estratégica y acaudalada ciudad de **La Habana**.

En agosto de 1761, España ya había formado una alianza con Francia, pero dicho acuerdo incluía esperar hasta la llegada de la **Flota de Indias** desde La Habana en septiembre antes de iniciar su parte en las operaciones militares. No perdiendo tiempo, el 4 de enero de 1762 Inglaterra declaró la guerra a España, que hizo lo propio el día 15 del mismo mes. En esos tiempos la Armada española, con 40 navíos de línea, era muy inferior a la británica: que contaba con unos 124.

El 6 de junio, procedente de **Matanzas**, la fuerza de invasión británica hizo presencia en La Habana. Inicialmente, las tropas españolas se sorprendieron por el tamaño de la tropa atacante y decidieron llevar sus mejores armas, municiones y pólvora a las fortalezas del Morro y La Punta, cerrar la entrada de la bahía con la acostumbrada formidable cadena, hundir tras la cadena tres viejos navíos de línea (los Asia, Europa y Neptuno) y esperar que refuerzos, un ciclón o la fiebre amarilla los salvara de la furia inglesa. Las tropas inglesas desembarcaron al nordeste de La Habana, avanzaron hasta la colina de **La Cabaña** y comenzaron a asediar **El Morro**. Antes de terminar junio, el Morro recibió 500 impactos directos y sufrió las bajas de 30 hombres diariamente. La fiebre amarilla decimó al 50% de la tropa inglesa, pero Albemarle abrió fuego contra La Habana con 47 cañones y 15 morteros y obuses.

El 14 de agosto, las tropas inglesas entraron en **La Habana**, ocupando un capital de 3 millones de pesos, 10 galeones con más de 700 cañones, 12 fragatas y 2 galeones nuevos, ya terminados, en el arsenal habanero.

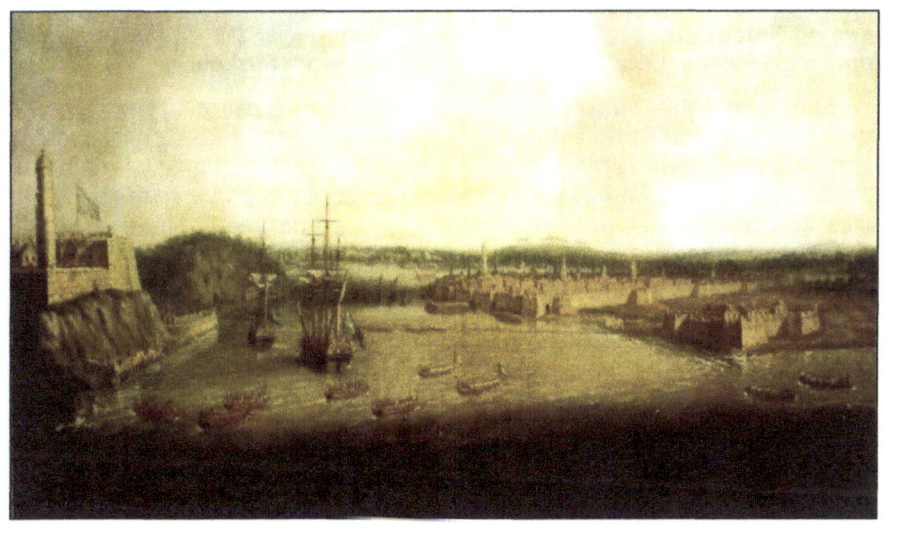

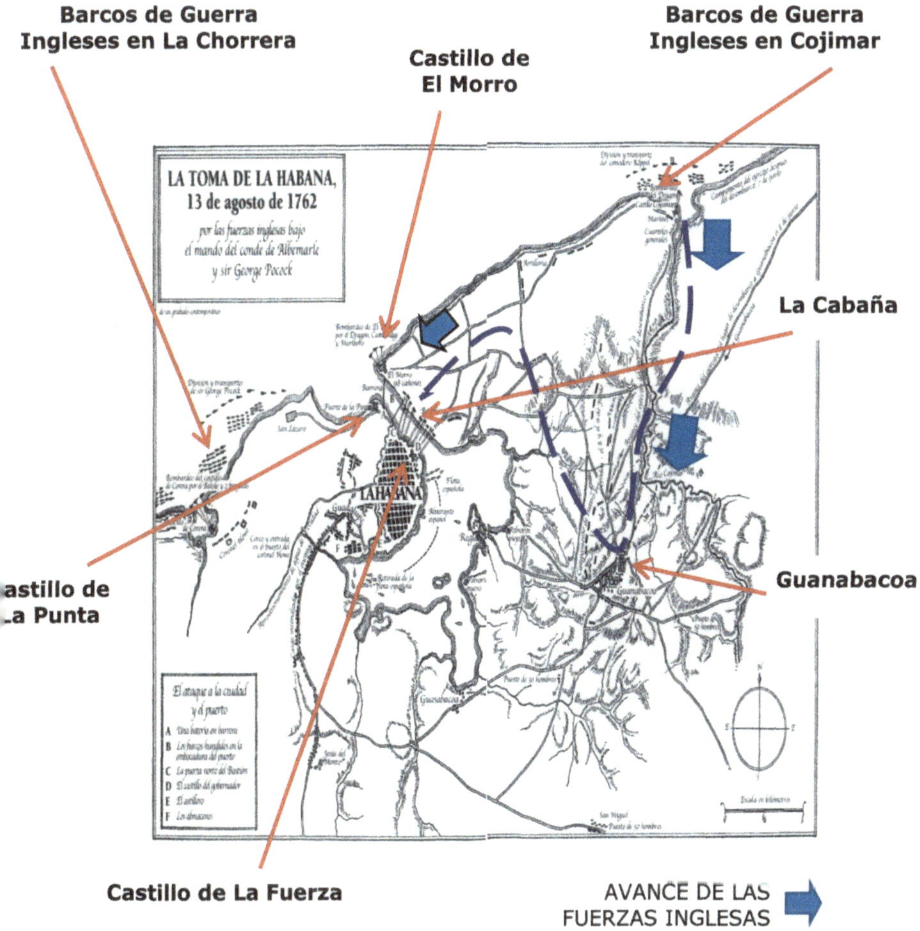
Barcos de Guerra Ingleses en La Chorrera
Castillo de El Morro
Barcos de Guerra Ingleses en Cojimar
LA TOMA DE LA HABANA, 13 de agosto de 1762
por las fuerzas inglesas bajo el mando del conde de Albemarle y sir George Pocock
La Cabaña
LA HABANA
astillo de .a Punta
Guanabacoa
El ataque a la ciudad y el puerto
Castillo de La Fuerza
AVANCE DE LAS FUERZAS INGLESAS

La ocupación británica de La Habana duró once meses, terminando en julio de 1763, con el canje de **La Habana** y Cuba en su totalidad por una buena parte de la península de la **Florida**. Los ingleses, antes de retirarse, destrozaron el **Arsenal de La Habana**... el Fénix de Ultramar de la Real Armada Española (1710-1763).

Durante la ocupación británica, Cuba vivió un intenso auge económico propiciado por la apertura de varios puertos cubanos para el comercio exterior. Por otra parte, los ingleses incrementaron la importación de numerosos esclavos con la tesis de que los necesitaba la maltrecha economía cubana bajo España. Las relaciones entre los habaneros y los ingleses fueron generalmente buenas, aunque los habaneros siempre vieron a los ingleses como ocupantes. Algo un tanto trivial, pero de gran importancia: los ingleses introdujeron **el cerdo** en el menú de la comida cubana.

La Habana, debido a su posición estratégica en el centro del imperio español, ofreció a España tres ventajas: 1- Su formidable **puerto** natural; 2- La enorme disponibilidad de **maderas** (caoba, cedro, sabicú, roble, guayacán y guachapelí, que el suelo y clima de Cuba hacían muy resistentes al pudrimiento); 3- Una **población** industriosa y emprendedora. Durante los siglos XVI y XVII, La Habana se convirtió en una pieza esencial tanto en lo comercial como en lo militar en el sistema marítimo español.

En 1722 se iniciaron las obras de un primer astillero de La Habana, en el área comprendida entre el Castillo de la Fuerza y el muelle de San Francisco. A pesar de varias limitaciones importantes (sólo constaba de un embalse o dique y las botaduras eran muy difíciles, exigiendo el uso de varias yuntas de bueyes, botes de remos y cabrestantes) este primer astillero produjo en 1723 su primer producto, un navío de línea de 50 cañones, el **San Juan**, que estuvo en servicio, sin necesidad de reparaciones, durante 17 años. Le siguieron 22 navíos de línea y 6 fragatas.

El éxito del **San Juan** dio lugar en 1735 a la relocalización extramuros de un nuevo y moderno astillero situado donde más tarde se construyó la *Estación Central de Ferrocarriles*. Entre 1735 y 1837, cuando oficialmente acabó la construcción naval en Cuba, se produjeron en La Habana 74 navíos de guerra y más del 50% de los 14 navíos de tres puentes y más de 100 cañones conque contó la Armada Española. Entre ellos estuvo el navío de línea real **Santísima Trinidad** (año 1769, 2,163 toneladas, 112 cañones, dotación de 1050 hombres), el más grande de su época, hundido por el ataque combinado de 5 navíos ingleses en la *Batalla de Trafalgar* el 21 de octubre de 1805. La Habana superó con creces la producción y calidad de los Astilleros de Guarnizo (Santander) y Esteiro (El Ferrol).

Cabe añadir que el **Astillero de La Habana** fue, por Real Ordenanza, una de las más importantes radas de reparación y abasto de las naves norteamericanas durante su gesta independentista (1776-1781).

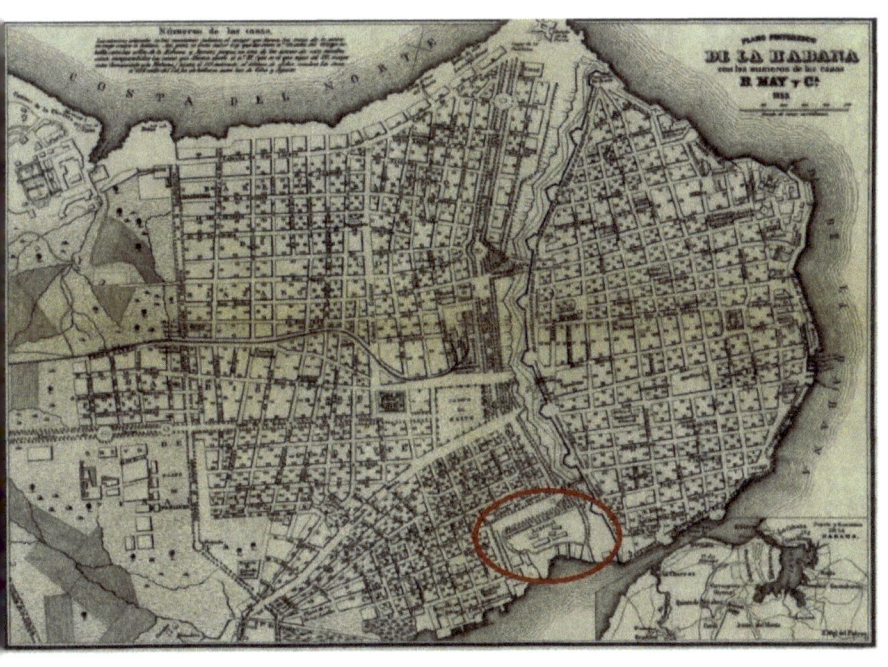

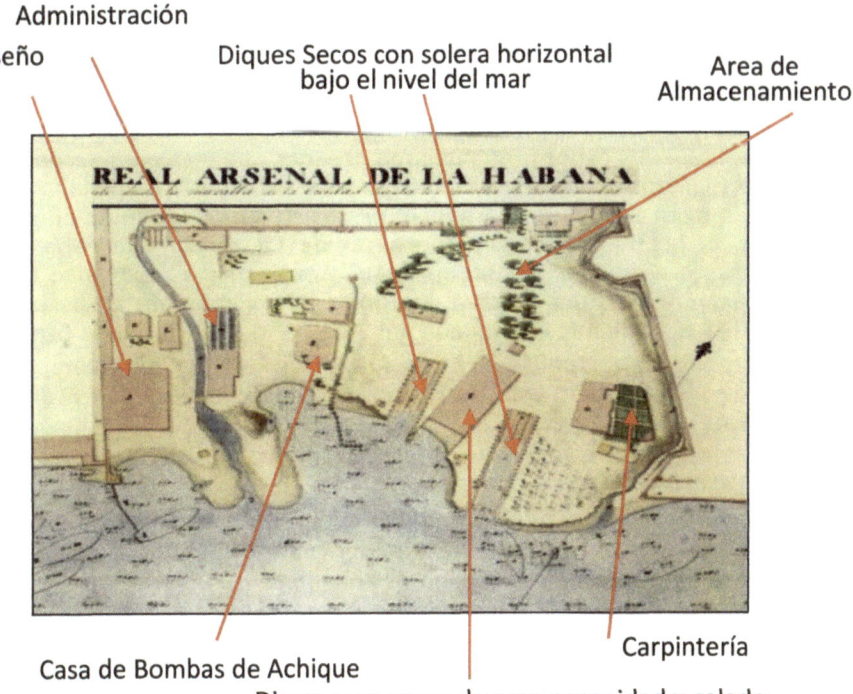

Una vez terminada la ocupación inglesa, La Habana prosperó a pasos agigantados, beneficiándose de la mejora de sus defensas y los esfuerzos para estimular la economía con la liberalización de su comercio exterior. Estos pasos iniciados en 1764 lograron emular y superar el éxito agrocomercial y esclavista de las otras Antillas.

En palabras de **Francisco de Arango y Parreño** tras la revolución haitiana (1802) …

> «… *Cuba necesita un proyecto económico propio, en que haya un mejor equilibrio de poderes y la representación de los productores criollos en las nuevas instituciones que deben aprobarse, crearse y definirse…*»

Ese proyecto económico demoró casi un siglo en llegar. En los años que siguieron la *ocupación inglesa* (1762-63) y la *revolución haitiana* ocurrieron grandes acciones separatistas en la América Hispana, de las cuales no participó Cuba. El ideal separatista del continente se debió al sentimiento generalizado de que España nunca abriría el ejercicio del poder político as las elites criollas, cosa que también sucedía en Cuba. Sin embargo, Cuba decidió, por el momento, seguir unida a España y mantener su estatus colonial.

Los que así lo decidieron fueron fundamentalmente las elites habaneras, enfrascadas en el desarrollo de una producción azucarera que estaría en peligro si ocurriera una redefinición sociopolítica como sería la independencia. En Cuba, los alzamientos separatistas de *José Aponte* (1812), los *Rayos y Soles* (1822), el *Águila Negra* (1825), e inclusive *Carlos Manuel de Céspedes* (1868), no pudieron desafiar una poderosa sacarocracia cubana (llamada entonces la *"nobleza plantacionista"*) empeñada en alcanzar el éxito económico para incrementar su participación en el entorno político. El resultado colateral fue hacer de **La Habana** el *París de las Américas*, lo que España contempló con entusiasmo. La actividad comercial azucarera en Cuba llegó a contribuir 25 millones de pesos anuales (unos US$ 2.4 Billones en moneda del 2019) a la Real Hacienda Española.

El propio **Francisco de Arango y Parreño**, Prócer del Reino, asiduo lector de Adam Smith, reformista y promotor de la *Sociedad Económica de Amigos del País*, escribió:

> «… *hay en La Habana tantos comerciantes ricos de origen español como los que había en Cádiz en tiempo de las flotas…*»

Arango se refería a muchas familias cubanas de ascendencia española, enriquecidas por el azúcar, el comercio y la trata. Tal fue el caso con los Alfonso, Aldama, Ayestarán, Diagó y los Zulueta.

En las tres páginas siguientes se presentan algunas muestras del progreso de La Habana entre 1764 y 1850: los hermosos jardines a las salidas de la muralla, el Palacio de Aldama, la Real Casa de Beneficencia, la Fortaleza de la Cabaña, el Parque Central habanero, la Estación de Trenes de Villanueva, el Castillo de Atarés, la Plaza de la Catedral y el Castillo del Príncipe.

LOUVRE Y PARQUE CENTRAL. LOUVRE & CENTRAL PARK.

No puede dejar de mencionarse la afición al teatro entre los grandes beneficios que trajo a **La Habana** la prosperidad económica que comenzó a partir de la segunda mitad del siglo XVII. La página de enfrente presenta tres de esos fabulosos teatros habaneros: el **Teatro Coliseo**, el **Teatro Tacón** y el **Teatro Villanueva**.

El 20 de enero de 1775, en homenaje del cumpleaños de Carlos III, abrió sus puertas en La Habana el **Teatro Coliseo**, un majestuoso recinto situado en la actual esquina de Oficios y Luz, frente a la Alameda de Paula. Por su excelente acústica, elegante fachada y lujoso decorado interior, fue el mejor teatro construido por España en América en toda la época colonial. Más de 80 quinqués con aceite aromatizado alumbraban el escenario y el proscenio. Cientos de bujías de esperma colocadas en una gran lámpara de araña, brindaban su luz a la sala principal. El costo de una butaca en la platea era de 2 reales; los palcos costaban 20 reales. Un real español de la época era equivalente a US$2 dólares en moneda de 2019. En 1788 fue cerrado por desperfectos y reabrió en 1803 con el nombre de **Teatro Principal**. Finalmente fue destruido por el ciclón de 1846.

Años después, el domingo 28 de febrero de 1838, se inauguró en La Habana el **Teatro Tacón**, en su tiempo calificado como uno de los tres mejores teatros del mundo. En su antesala lucía una enorme araña donada por **Miguel Aldama**. Al baile de máscaras de inauguración asistieron siete mil personas. Carlos Manuel de Céspedes y su esposa Carmen María, en ese año residentes en París, lograron que **Frederick Chopin**, maestro de piano de Carmen María, accediera a estrenar un costoso gran piano francés *Playel* donado por los cubanos de París. Chopin, enfermo con epilepsia, no pudo realizar el viaje y murió en 1848. En recuerdo de su malograda visita al Teatro Tacón, una escultura de Chopin se colocó en la *Plaza de San Francisco* en la Habana Vieja. El 15 de abril de 1838, el Tacón, abrió su primera temporada dramática. Por muchos años prevalecieron allí las óperas italianas y las zarzuelas españolas. En 1905 fue adquirido por el **Centro Gallego**, que lo incorporó como **Teatro Nacional** a su fabuloso palacio del Paseo del Prado.

El 12 de febrero de 1847 fue inaugurado en La Habana el **Teatro Villanueva**, entonces bajo el nombre de *"Circo Habanero"*. Se dedicó a la presentación de obras costumbristas y espectáculos de variedades, siendo propiedad de Miguel Nin y Pons, suegro de *Rafael María de Mendive*, el mentor de *José Martí* y gran amigo del padre de *Claudio Martínez de Pinillos*, conde de Villanueva. El teatro ocupaba la manzana entre las calles Colón, Morro, Zulueta y Refugio, cerca de la Muralla. Tenía forma circular con la entrada en la calle Colón, dos filas de palcos y una capacidad de más de 2 mil espectadores. Fue allí el 22 de enero de 1869 que varias escuadras de voluntarios atacaron el teatro por presentar una obra antiespañola, incidente que terminó con el saqueo del *Palacio Aldama*. El teatro se cerró en 1869 y el edificio convertido en una casa de vecindad.

Una inauguración transcendental en La Habana del siglo XVIII fue la de **La Real y Pontificia Universidad de San Gerónimo**.

En 1578, en terrenos bien escogidos de la entonces joven ciudad de San Cristóbal de La Habana, la Orden de Predicadores de la Iglesia Católica (Padres Dominicos) construyó el convento de **San Juan de Letrán**. Transcurrido un siglo y medio, en 1728, en ese mismo lugar y por la misma Orden Religiosa, se fundó la primera universidad de la Isla. Con el apoyo del Cabildo y de la poderosa familia de los *Condes de Casa Bayona* avecindados en la urbe, los Dominicos, empeñados en acciones educativas, fueron los pioneros en ejercer como maestros en la ciudad de La Habana y, con gran determinación, solicitaron las aprobaciones que se requerían como condición *sine qua non* para fundar en sus predios una universidad.

Para culminar alguna carrera y prepararse como juristas, teólogos o médicos, los residentes de Cuba tenían que concurrir a la Universidad de *Salamanca*, en España, o trasladarse a las de *México*, *Perú* o *Santo Domingo*, las únicas capitales en el Nuevo Mundo donde había centros de educación universitaria. Por gestiones de los Dominicos, una bula pontificia, *Aeternae Sapientiae*, emitida a través del Consejo de Indias por el Papa **Inocencio XIII** y el monarca **Felipe V** de Borbón en 1721, los autorizó a fundar una universidad en La Habana. El visto bueno final o *placet*, ratificó la real cédula en 1728. La perseverancia de los Dominicos fue extraordinaria. Sus primeras gestiones habían tenido lugar en el año de 1688, cuando la Orden de Predicadores dio inicios a sus gestiones para conseguir ese privilegio.

El dilatado camino fundacional no estuvo libre de competencias y rivalidades. La Compañía de Jesús, estudiosa y bien reconocida en labores de instrucción y ya con un colegio abierto en La Habana desde 1724, aspiraba a la dispensa y hasta contaba con el apoyo del obispo Jerónimo Valdés, quien favorecía a los Jesuitas. Según comenta Antonio Bachiller y Morales en sus *Apuntes para la Historia de las Letras y de la Instrucción Pública en la Isla de Cuba*, cuando la noticia de la autorización llegó a la Villa, sin embargo, fue universal el regocijo, tanto de Dominicos y Jesuitas como del pueblo de La Habana en general, manifestándose con fiestas y demostraciones públicas.

En la página siguiente dos imágenes del Convento Dominico, en la parte superior, la entrada por la calle Mercaderes, en la parte inferior, el costado por la calle O'Reilly, en el centro la bula pontificia **Aeternae Sapientiae** del papa Inocencio XIII.

En diciembre de 1727, el cabildo de La Habana dio mano libre a los Dominicos a escoger el terreno donde querían fundar la Universidad. La Orden Dominica escogió la manzana entera (enmarcada por las calles de Obispo, O'Reilly, San Ignacio y Oficios) donde estaba su convento de **San Juan de Letrán**, cercano a la *Plaza de Armas* y al *Castillo de la Real Fuerza*. El 5 de enero de 1728, con toques de campanas y todas las formalidades y solemnidades posibles de la época, nació a semejanza de la existente en La Española (Santo Domingo), la **Real y Pontificia Universidad de San Gerónimo de la Habana.** En sus inicios contó con cátedras en su casi totalidad impartidas por frailes Dominicos. A la usanza de los tiempos, las clases eran teóricas, con lecturas de textos que se impartían en latín y debían aprenderse de memoria.

Ciento catorce años después, en 1842, los Dominicos fueron exclaustrados de su convento, y el edificio y la institución universitaria pasaron a ser propiedad del Gobierno de la isla. Con la secularización de la Real y Pontificia Universidad esta se convirtió en la **Real y Literaria Universidad de la Habana** y se abrieron nuevas carreras como la de Economía Política, promovidas por la élite criolla. Se dio paso a catedráticos seglares y a una pedagogía moderna y libre de escolasticismos, como la impartida por José de la Luz y Caballero, José Agustín y Caballero, Félix Varela y José Antonio Saco en el **Seminario de San Carlos y San Ambrosio**, la otra alternativa de altos estudios en La Habana. Comenzó entonces en la historia de Cuba una educación que sensibilizaba la conciencia de nación.

A la derecha se presentan la torre y la fachada de entrada original de la Universidad, así como una maqueta que reproduce el edificio entero.

La Habana en sus 500 Años 53

Fue cuando la Universidad cambió su nombre a *Real y Literaria Universidad de La Habana* que se abrieron las facultades de Jurisprudencia, Medicina, Cirugía y Farmacia. En tiempos republicanos (1906), un nuevo e importante cambio tuvo lugar. La Universidad cambió su nombre a **Universidad Nacional** y mudó sus instalaciones a la antigua **Colina de Aróstegui** o *Loma de la Pirotecnia*, un punto estratégico de La Habana, tanto por la perspectiva privilegiada de su elevación (100 m de altitud), como por el espacio para crecimiento y sus eternas y agradables brisas. Tan serena y sosegada estaba ahora la Universidad que una de las vertientes de la colina era un simple terraplén (hoy la calle San Lázaro), que en aquel tiempo era un alfombrado de polvo que se abría paso entre rocas desnudas y yerbajos, hacia cuyo final la vista tropezaba, de cerca con el *Cementerio de Espada*, y de lejos con el *Castillo del Morro*.

Al mudarse la Universidad a la colina actual, las edificaciones antiguas cerca de la *Plaza de Armas* fueron adquiridas por la empresa *Zaldo y Cía.* para levantar en esa manzana un edificio de oficinas con un *helipad* en la azotea. La demolición comenzó en 1919 por la iglesia y el primer claustro, pero se detuvo por problemas financieros. Poco apoco el viejo convento de los Dominicos se convirtió, primero en un almacén, luego en un *Monte de Piedad*, en una Estación de Policía y finalmente en una cuartería. Sus ruinas fueron arrasadas en 1957, ignorando que allí se habían educado **Félix Varela, Carlos Manuel de Céspedes, Francisco Vicente Aguilera, Ignacio Agramonte, Francisco de Arango y Parreño, Tomás Romay, José Agustín Caballero, Antonio Bachiller y Morales, José María Heredia, Rafael María de Mendive, José Antonio Saco, Cirilo Villaverde** y **José de la Luz y Caballero**.

En la página del frente se presenta el edificio del **Seminario Conciliar de San Carlos y San Ambrosio**, la otra universidad colonial de La Habana y las ruinas en que quedó el edificio original de la **Real y Pontificia Universidad de San Gerónimo**.

En lo alto de esta página se muestran el escudo original y el escudo actual, ambos con la figura de un *Agnus Dei* (Cordero de Dios) reposando sobre el libro del *Apocalipsis*, un perro guardián (*mastiff o mastín*), con una tea encendida en la boca contemplando una estrella (símbolos de la **Orden de Predicadores** -*Dominicos*- como guardianes de la fe). En el panel más bajo del escudo se muestra a San Gerónimo en actitud penitente y de oración. Sobre él se muestra una trompeta que representa el Juicio Final.

La Habana en sus 500 Años

Una breve nota sobre la demografía racial/étnica de La Habana. Cuba fue una de las primeras colonias a las que llegaron los esclavos africanos, debido a la temprana extinción de la población indígena por enfermedades contagiosas que trajeron los españoles (contra las cuales los nativos de Cuba no tenían inmunidad), y en mucha menor cantidad debido a excesos y exigencias de trabajo de los colonizadores españoles.

Ya durante el período comprendido desde finales del siglo XVI hasta principios del XVII, ante la falta de trabajadores para continuar la colonización, los españoles comenzaron a traer pequeñas cantidades de esclavos africanos a través de la *Real Compañía de Comercio de las Indias*, al mismo tiempo que realizaban esporádicas compras a comerciantes negreros ingleses. Pronto estas cantidades resultaron insuficientes ante el desarrollo de las plantaciones de azúcar y café y la creciente necesidad de explotar las nuevas tierras conquistadas.

En la segunda mitad del siglo XVIII, la mayoría de los artesanos de La Habana eran esclavos negros o mulatos y la mayoría del servicio doméstico a que acostumbraban las clases adineradas eran esclavas. En los 251 años comprendidos entre 1512 y 1762, debido al poco desarrollo de la agricultura desde los años iniciales de la colonización hasta 1763, el número de esclavos importados en Cuba fue solamente unos 60,000, de los cuales alrededor de 1,500 vivían en La Habana, según Fernando Ortiz…

> «… *principalmente esclavas dedicadas a las labores caseras, ya como nodrizas, ya para la costura, en cuyo caso eran muy buscadas…*»

En los 35 años posteriores a la ocupación británica, el número de esclavos importados subió a unos 100,000. En los 75 años comprendidos entre 1797 y 1865, el número importado alcanzó la cifra de 600,000. Entre la toma de la Habana por los ingleses (1762) y la abolición de la esclavitud (1886), entraron en Cuba un millón de esclavos africanos, de los cuales 11,000 fueron varones y hembras, dedicados a artesanías o labores domésticas a todo lo largo de la isla. En términos monetarios equivalentes al año 2019, las esclavas en La Habana, a mediados del siglo XVII, se cotizaban en alrededor de US$ 9,500 y los esclavos fluctuaban entre US$ 11,000 y 22,000 dólares. En el interior de la isla, debido a la abundancia de oferta por los negreros, los precios eran un 20% más económicos.

Vale la pena notar que, en el ámbito urbano, las esclavas, no solo prestaban servicios importantes, sino que eran un símbolo de estatus social para las familias adineradas. En el mundo paralelo del azúcar, sin embargo, eran indispensables para algunas tareas sociales como las de nodriza y comadrona, pero sobre todo para engendrar nuevos esclavos.

En el siglo XVII La Habana contó con el desarrollo de importantes patrimonios, entre las cuales se destacan el **Paseo del Prado**, el **Hospital de San Lázaro**, la fundación de la **Sociedad de Amigos del País** y el establecimiento del **Cementerio Espada**.

En 1772, el paisajista francés **Jean-Claude Nicolas Forestier,** por órdenes del gobernador *Felipe Fonsdeviela, Marques de la Torre*, diseñó para los habaneros un monumental paseo que con el tiempo se convertiría en una de las avenidas más importantes de **La Habana** y de toda la América Hispana. En su trayecto norte-sur el paseo de Forestier o **Paseo del Prado** (originalmente llamado la *Alameda Extramuros* y la *Alameda Isabel II*) estableció una línea divisoria entre **La Habana Vieja** y **La Habana Moderna**, extendiéndose desde la *Fuente de la India* (o de la *Noble Habana*) y la *Plaza de la Fraternidad* hasta la costa norte de la ciudad, donde en 1901 se construyó el *Malecón* habanero.

En años subsiguientes el paseo fue adornado con grandes **árboles** (ceibas, palmas reales y álamos de Jaguey), ocho **leones de bronce** (obra del escultor francés Jean Puiforcat que, a sugerencia del experto fundidor cubano Juan Comas, utilizó el metal de los cientos de cañones de defensa contra corsarios y piratas, entonces ya innecesarios) y **bancos de mármol**. Pronto se empezaron a levantar a todo lo largo de su recorrido, grandes y fastuosas residencias y edificaciones de estilo barroco, colonial y neoclásicas, entre las cuales se destacaron el **Café Escauriza** (1843, Prado y San Rafael), la **Heladería El Louvre** (1875, en el mismo local que el Café Escauriza cuando fue derribado para construir el Hotel Inglaterra) y el **colegio de José María de Mendive**, al que asistió José Martí en su infancia.

En la página a la derecha, dos vistas de la zona residencial del **Paseo del Prado** y, debajo, la zona comercial, en este caso la esquina de Prado y Neptuno.

Habana. Paseo de Martí, Fuente Neptuno.
Martí or Prado Promenade, Center Walk.

No. 31 HABANA
Paseo del Prado.—Prado Promenade.

El origen del **Hospital de San Lázaro** se remonta al siglo XVII, cuando se estableció en una serie de bohíos construidos en la zona extramuros de **La Habana**, en la Caleta de San Lázaro (entonces conocida como la Caleta de Juan Guillén). Esa zona (la esquina de las actuales calles Vapor y San Lázaro), estaba cerca del **Cementerio de Espada**, el **Manicomio de San Dionisio**, la **Casa de Beneficencia y Maternidad de La Habana**, la **Cantera de San Lázaro** (donde se enviaban a los convictos durante la época colonial para que extrajeran piedras para la construcción de la muralla y donde José Martí estuvo encarcelado en 1870). Hoy están allí la **Fragua Martiana** (el rincón martiano creado en el lugar de la cantera por iniciativa de Gonzalo de Quesada hijo en 1944) y el **Parque de los Mártires Universitarios**.

El estado deplorable en que se encontraban los enfermos de lepra en el primitivo dispensario de la Caleta dio lugar a una real cédula fechada el 19 de junio de 1714 donde Su Majestad Felipe V, ordenó la fundación oficial del **Real Hospital de San Lázaro**, que tuvo lugar en 1781. El hospital cambió de lugar dadas las continuas quejas de los vecinos, que veían en los enfermos de lepra, una fuente de contagio. Inclusive varios poderosos propietarios urbanos amenazaron con detener sus inversiones en la zona del Vedado si no se sacaban de allí a los enfermos de lepra. Finalmente se aprobó su instalación en la finca Dos Hermanos, en Rincón, municipio de Santiago de las Vegas.

El lugar original del **Hospital de San Lázaro** tiene una riqueza histórica incalculable. Fue por esa área donde el corsario francés **Jacques de Sores**, el 10 de julio de 1555, penetró en La Habana y la saqueó e incendió. La joven Habana fue defendida con valentía por los aldeanos, que una vez se retiraron los corsarios construyeron un pequeño fuerte a la salida de la Caleta, a una legua de la Villa, donde una antorcha encendida advertía la presencia de barcos enemigos en los alrededores.

En la siguiente página, dos vistas y una maqueta del **Hospital de San Lázaro** a finales del siglo XVIII.

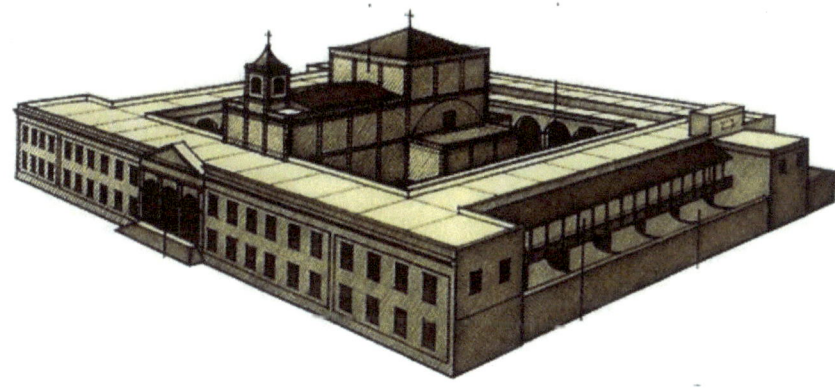

Un breve comentario sobre la fundación de la **Sociedad de Amigos del País** y el establecimiento del **Cementerio Espada**.

La **Sociedad Económica Amigos del País, SEAP,** fue creada por un grupo de pensadores y empresarios de Cuba a finales del siglo XVIII y constituida por una Cédula de **Carlos IV**, rey de España, en 1792, con la misión de apoyar el crecimiento de la economía, la cultura, la educación y la sociedad de Cuba. Entre sus socios más notables figuraron **Francisco de Arango y Parreño, José Agustín Caballero, Tomás Romay, José de la Luz y Caballero, Antonio Bachiller y Morales**, Rafael Montoro, **Félix Varela, Felipe Poey**, el **Conde de Pozos Dulces**, y **Domingo del Monte**, entre muchos más.

Los miembros de la **SEAP** salían al extranjero para estudiar la tecnología de los países más adelantados, trayendo a Cuba muchas innovaciones en botánica, máquinas, e instrumentos, algunos para mejorar el cultivo de la caña de azúcar, otros para crear un sistema ferrocarrilero eficiente.

Uno de sus logros fue la creación y apertura gratuita al público, por primera vez en Cuba, de una *Biblioteca*, originalmente el *Convento de Santo Domingo* y finalmente, en 1947, en un suntuoso edificio de la Avenida de Carlos III en La Habana, diseñado por los arquitectos **Félix Cabarrocas** y **Evelio Govantes**. En 1892, desde su periódico neoyorquino *Patria*, **José Martí** escribió sobre la SEAP…

> «…ha sido la más alta y meritoria de las sociedades de Cuba, la casa ilustre donde han tenido asiento los hijos más sagaces y útiles de Cuba…»

Después del 1959, la Biblioteca de la **Sociedad Económica** está, lamentablemente abandonada y en muy precaria situación económica.

Por otra parte, el **Cementerio Espada**, inaugurado en La Habana en 1806, fue el primer cementerio público en toda la América Hispana que ofreció higiene y salubridad a un mundo que enterraba nobles y acaudalados en las Iglesias. Se encontraba en la manzana limitada por las calles Aramburu, San Francisco, Vapor y San Lázaro. El diseño se debió al arquitecto francés **Etienne-Sulpice Hallet.** Sus auspiciadores fueron el **Obispo Juan José Díaz de Espada**, el gobernador **Don Luis de las Casas**, el **Dr. Tomás Romay** y la **SEAP**. Juntos lograron la prohibición de enterramientos en las Iglesias, que resultaba en una gran propagación de epidemias. El costo inicial de sus 5,000 sepulturas, osarios y una capilla, fue de 46,900 pesos (US$ 3.3 millones en moneda de 2019). Fue allí donde sucedieron los hechos de que acusaron y fusilaron de los **Estudiantes de Medicina** en 1871. Allí fueron enterrados el **Obispo Espada, José de la Luz y Caballero, Francisco de Arango y Parreño, Juan Bautista Vermay, Tomás Romay** y el **Conde de Santa Cruz de Mopox**, padre de la célebre Condesa de Merlín. Fue clausurado en 1878.

A la derecha, el edificio de la SEAP en la Avenida de Carlos III, en La Habana, el logotipo, el Obispo Espada y los restos del Cementerio en La Habana.

Una de las obras significativas en la ciudad de **La Habana** en 1845 fue la construcción de **un nuevo faro** en la fortaleza de *El Morro*. Fue ese el tercer faro que ha tenido el Morro. La isla de Cuba, en total, cuenta con 30 o más faros.

El primero faro habanero, rudimentario, lo instaló en 1563 el *Gobernador Diego de Mazariegos* durante el reinado de Felipe II. Era **una simple torre que servía de atalaya** para alertar sobre la presencia de la costa a los galeones que navegaban por la zona. En lo alto de la torre, al lado de una fogata, tres soldados hacían guardia de noche y solo uno de día.

En 1764 se construyó otro faro para sustituir el dañado por la artillería de los ingleses en 1762. Se diseñó y fabricó simplemente como un **morrillo provisional**, alimentado por leña, y se utilizó hasta finales del siglo XVIII. A la fortaleza, sin embargo, se le añadieron *baluartes, un foso, un camino cubierto, aljibes, cuarteles, calabozos* y *almacenes*. A principios del siglo XIX se sustituyó la leña, primero por gas y más tarde por aceite.

En 1845, bajo una orden de la *Junta de Fomento* fechada el 26 de octubre de 1843, se construyó el faro presente que desde entonces ilumina los mares a una distancia de 20 millas. Fue inaugurado como **"Faro O'Donnell"** el 24 de julio de 1845, día del cumpleaños de la reina Isabel II. El faro tiene una pequeña puerta de acceso que da paso a una escalera de 170 peldaños que, naturalmente, se va estrechando con la altura.

Ese *"nuevo faro"* consta de *"modernos"* elementos ópticos franceses tipo **Fresnel**, y tiene todavía los mecanismos originales de contrapeso y palancas instalados en 1845. En esa época el standard de diseño de los faros era que iluminaran... *"por lo menos con la intensidad que lo hubieran hecho 150 velas de sebo."* El nuevo faro de La Habana rebasó ampliamente esas especificaciones. Sólo el sistema de iluminación (modernizado a eléctrico a finales del siglo XIX), ha sido un cambio importante durante toda su historia. El faro de 1845 tiene una altura de 82 pies y dispara dos destellos cada 15 segundos.

A la derecha, dos vistas antiguas del Morro y la entrada a la bahía de **La Habana**; la superior de *Fréderick Mialhe*, 1850, la inferior un grabado antiguo hecho en *Amsterdan* en el siglo XVII. En el centro, el Morro y los lentes *Fresnel* de la farola actual.

Otros Eventos en La Habana del Siglo XIX fueron:
• **1837** - Cuba fue el sexto país ferroviario del mundo con la línea de 51 km entre La Habana y Bejucal.
• **1853** - José Martí y Pérez nació el 28 de enero en la calle Paula.
• **1863** - Las murallas defensivas de La Habana fueron demolidas para permitir que la ciudad se expandiera hacia el oeste.
• **1868–78** - La Habana salió relativamente ilesa de la Guerra de los Diez Años cuando el conflicto se limitó al este de Cuba.

El evento principal a mediados del siglo XIX fue el comienzo de la era del ferrocarril en Cuba. En 1830 el gobernador, **Francisco Dionisio Vives**, creó la *Junta de Caminos de Hierro* para estudiar la construcción del **Ferrocarril Habana-Güines**. En diciembre de ese año el proyecto se paralizó y no fue retomado si no hasta 1832, cuando el habanero **Claudio Martínez de Pinillos**, Conde de Villanueva, fue nombrado presidente de la *Real Junta de Fomento* de La Habana. En 1834, la Reina de España Isabel II, autorizó la construcción de la primera línea Habana – Güines (Güines era entonces cabecera de una rica comarca agrícola). La *Real Junta de Fomento* llevó a cabo la construcción del ferrocarril tras conseguir un empréstito de 2 millones de pesos de los ingleses. El norteamericano Alfred Kruger, fue el ingeniero principal y el 19 de noviembre de 1837, se construyó el primer tramo de 27,5 km desde la capital cubana hasta Bejucal, solo 12 años después del primer servicio de ferrocarril público inglés. España, en 1837, no tenía aun un ferrocarril en funcionamiento. Solo los Estados Unidos se habían adelantado a Cuba en asuntos ferroviarios. Cárdenas fue la segunda ciudad que contó con ferrocarril después de La Habana, y después Jovellanos, Colón, Los Arabos, Calimete, Aguada de Pasajeros y Yaguaramas. Todos en la provincia de Matanzas.

Un segundo evento importante fue el nacimiento de **José Martí** el 28 de enero de 1853, en una humilde casa de la calle Paula, en el barrio donde se encontraba el Arsenal, muy cerca de la muralla. O quizás fue en el hospital de La Cabaña, dada la condición militar de Don Mariano Martí, padre del héroe cubano. De una forma u otra, Doña Leonor Pérez Cabrera, madre de José Martí, asistió en 1899 a un homenaje presidido por Juan Gualberto Gómez que colocó una placa en la casa de Paula número 41, en presencia de la viuda de Martí, Carmen Zayas-Bazán, el hijo José Francisco (Ismaelillo) y una de las hermanas de Martí.

En la página siguiente, el ferrocarril **Habana-Güines** y la casa natal de **José Martí** en Paula No. 41.

HACE 150 NACIÓ EL DESTACADO LATINOAMERICANISTA

Conmemoran el nacimiento de cubano José Martí

A mediados del siglo XIX la zona extramuros de **La Habana** había ya crecido extraordinariamente y las murallas, que en realidad nunca tuvieron una verdadera utilidad defensiva, se habían convertido en un obstáculo al tráfico citadino (nunca se enfrentaron a asedios, asaltos o parapetos). Interesantemente el área *extramuros* se había convertido en el asiento preferido de los criollos mientras que en *intramuros* predominaban los peninsulares.

En 1863 el Consejo de la ciudad, dados los notables progresos de la artillería y la existencia de otras fortificaciones como *La Cabaña, El Príncipe, Atarés, Número Cuatro, Santa Clara* y *San Nazario*, aprobó la **demolición de la muralla**. Los trabajos duraron hasta comienzos del siglo XX. La decisión del Consejo fue unánime. Todos recordaban que, durante la toma de La Habana por los ingleses, la única ocasión en que las murallas hubieran cumplido su propósito, las tropas de ocupación evitaron enfrentarse al cerco de piedra y penetraron en La Habana por la desprotegida loma de La Cabaña.

Como evidencia histórica de la existencia de la muralla, los habaneros decidieron dejar en pie algunas secciones, como los alrededores de la **Puerta de la Tenaza** (esquina de Egido y Desamparados), el **Baluarte del Ángel** (Misiones y Refugio), el Cuerpo de Guardia de la **Puerta Nueva** (calle Egido, frente a la estación central de ferrocarriles), y otros pocos lugares.

Cuando rompió la **Guerra de los Diez Años** (1868-1878), La Habana mantuvo un entorno urbano pacífico. Ni atentados ni demostraciones ocurrieron en sus cinco grandes plazas: *Plaza de Armas, Plaza Vieja, Plaza de San Francisco, Plaza del Cristo* y la *Plaza de la Catedral*. Las antiguas edificaciones como la *Iglesia Catedral*, el *Convento de San Francisco de Asís*, el *Palacio del Segundo Cabo* y el *Palacio de los Capitanes Generales*, ni siquiera fueron custodiadas o reforzadas. Tampoco lo fueron las suntuosas casas privadas con sus arcadas, balcones, puertas de hierro forjado y patios internos. El complejo sistema de fortificaciones que protegía a La Habana, su puerto y su Astillero permaneció igual: la *Fortaleza de San Carlos de la Cabaña* en el lado este del canal de entrada a la Bahía, el *Castillo de la Real Fuerza* en el lado oeste, los Castillos de *San Salvador de la Punta* y el Castillo de los *Tres Reyes del Morro* custodiando la entrada al canal, el *Torreón de San Lázaro*, el *Torreón de la Chorrera* y el de *Cojímar*, el *Polvorín de San Antonio* y los Castillos de *Santo Domingo de Atarés* y el del *Príncipe*. Un número considerable de refuerzos llegaron desde España y Castillos y Torreones fueron simplemente equipados con provisiones y armamentos, sin ningún tipo visible de premura o temor.

De una forma u otra, **La Habana** prácticamente ignoró la gesta de 1868. En las páginas siguientes, una vista general y un plano de La Habana durante la **Guerra de los Diez Años**, que incluyen el *Baluarte del Ángel*, habaneros visitando el nuevo *acueducto de Albear*, páginas de la *prensa habanera* de la época con una *caricatura de Céspedes* (en *El Moro Muza*), el *Café El Louvre*, las *nuevas baterías* de refuerzo de las fortalezas, la *Avenida de Carlos III*, la entrada de *Martínez Campos* en La Habana, la *Puerta de Tierra* de la muralla y otras escenas de un Habana inalterada durante la Guerra.

La Habana en sus 500 Años 70

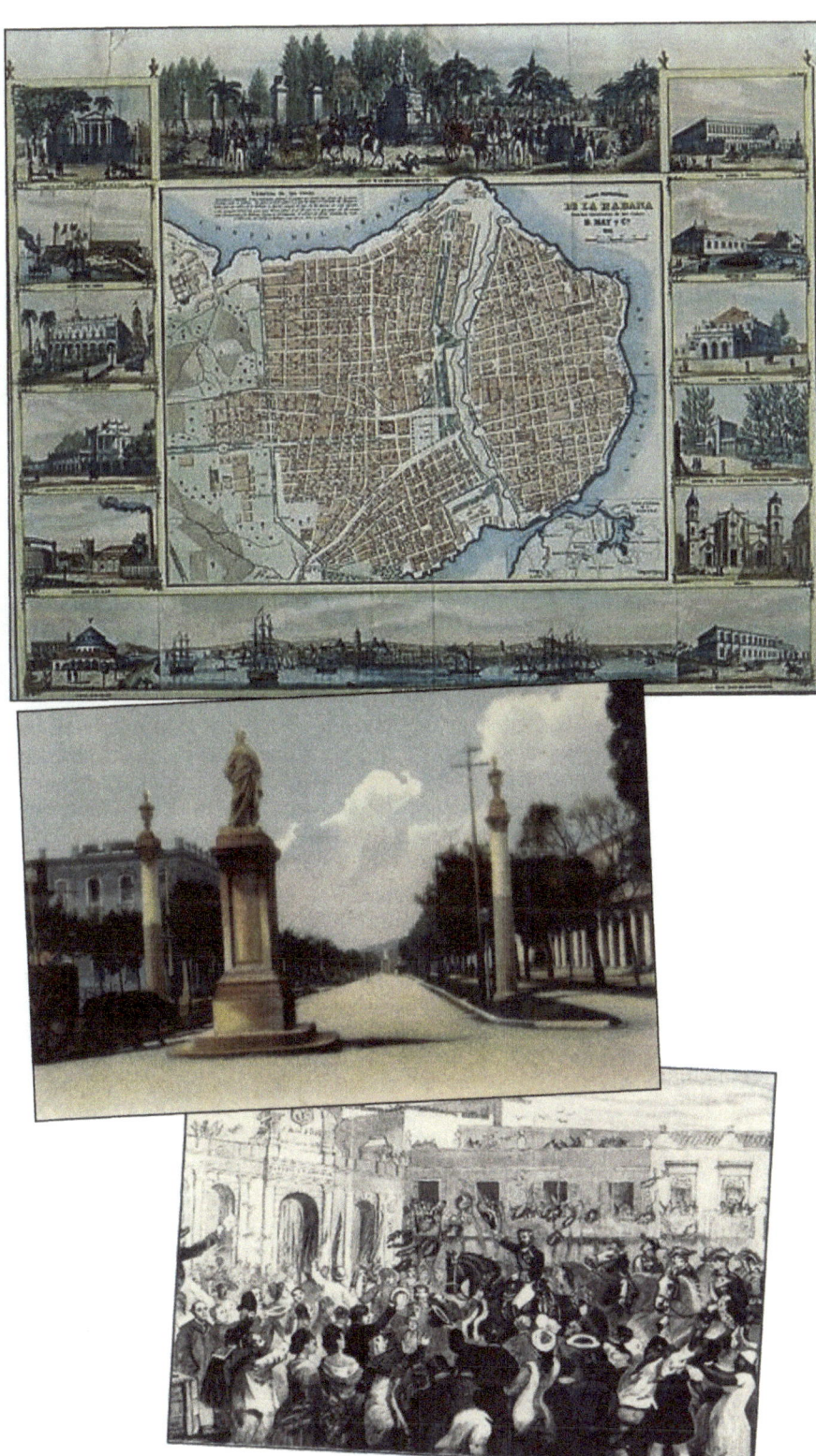

La Guerra de los Diez Años, sin embargo, afectó notablemente la vida en La Habana. Cuando comenzó la guerra, Cuba sufría una declinación productiva iniciada en los 1850s con la crisis económica mundial que ocasionó la **caída** de los precios del azúcar, el **colapso** de la industria cafetalera, la **reducción** de las exportaciones, la **contracción** del crédito externo, la **quiebra** bancaria y la **bancarrota** de numerosas empresas. Por suerte, en 1868 unas 9 instituciones financieras prestaban servicios en **La Habana** y se comenzaba a desarrollar el sistema crediticio en **la isla** con el establecimiento de diversas instituciones como la *Caja Agrícola de Cárdenas*, el *Banco Agrícola e Industrial* y la *Caja Mercantil de Matanzas,* y el *Banco Mercantil de Santiago de Cuba.* De todas formas, se produjo una reducción de importaciones y un decrecimiento económico.

La producción azucarera menguó y al mismo tiempo hubo una reducción en las exportaciones de varios productos tradicionales. Simultáneamente se había agotado el sistema esclavista de producción y se precipitó un clima internacional muy desfavorable. Afortunadamente los capitales británicos se extendieron a los servicios ferroviarios en plena Guerra del 68. En 1876 los ingleses adquirieron el *ferrocarril de Marianao* y a fines de siglo los *Ferrocarriles Unidos de La Habana*. Asimismo, el grupo británico propietario de *Western Railroad of Havana* compró los *ferrocarriles de Caibarién, Sagua y Cienfuegos* en el centro de la isla.

No fue sino hasta 1890 que mejoró la agroindustria azucarera, y se estableció un vínculo internacional para la exportación de recursos naturales, principalmente materias primas y minerales con gran demanda en el comercio mundial. En 1854 se había fundado la **Caja Real de Descuentos**, que pasaría luego a ser el **Banco Español de La Habana**. En 1857 se fundó el **Banco de Cuba** en Santiago de Cuba. Desafortunadamente durante las tres últimas décadas del siglo XIX quebraron en Cuba varias instituciones bancarias y crediticias y se estancó el sistema financiero a raíz del inicio de una nueva guerra de independencia en 1895.

Más aun, Cuba desempeñó un importante papel durante el siglo XIX, aportando recursos propios para financiar tanto la **deuda externa** de España como la **recuperación industrial** de algunas de sus regiones. De igual forma, la transferencia de recursos fiscales cubanos hacia la metrópolis contribuyó a enfrentar diversos gastos presupuestarios asociados a la insistente presencia colonial de España en el nuevo mundo (como, por ejemplo, el intento de recobrar Santo Domingo). Cuba también estimuló la expansión de la marina mercante española con el tráfico de sus exportaciones a lejanas partes del planeta. Naturalmente, el **Banco Español de La Habana** aportó financiamiento para la contienda bélica contra los insurgentes cubanos, tanto en la **Guerra de los Diez Años** (1868-1878) como en la de **Independencia** (1895-1898). En 1881 el **Banco Español de la isla de Cuba**, hizo sus últimas emisiones de curso forzoso anticipando la Guerra de Independencia. El Banco desapareció en 1920 y su derrumbe dañó severamente a la banca nativa de Cuba.

En la página al frente, certificados, notas bancarias y dos de los edificios bancarios de la Cuba de 1868.

Durante los 27 años comprendidos entre 1869 y 1895, que los historiadores cubanos han llamado " **la tregua fecunda,**" ocurrieron cambios sociales, políticos y físicos fundamentales en La Habana. Con la abolición de la esclavitud en 1886, los libertos comenzaron a formar parte de las filas de agricultores en el campo y de la clase trabajadora en las zonas urbanas, particularmente en **La Habana**. La economía cayó en una situación crítica y muchos cubanos ricos perdieron sus propiedades y se incorporaron a la clase media de la capital. Disminuyó marcadamente el número de ingenios azucareros, con lo cual aumentó el rendimiento y la eficiencia de las plantaciones y los ingenios más poderosos.

La Habana, como capital de una isla anhelada por los Estados Unidos desde los tiempos de Thomas Jefferson, comenzó a americanizarse rápidamente. *Jaime G. Blane*, Secretario de Estado en los gobiernos de los presidentes Garfield y Harrison y principal propulsor de la incorporación de Hawaii y Samoa a los Estados Unidos, argumentó en el Congreso Panamericano celebrado en Washington en 1889 sobre el caso de Cuba...

«... Esa isla rica, clave del Golfo de México es, aunque en manos de España, una parte del sistema comercial estadounidense ... Si alguna vez deja de ser española, Cuba debe convertirse necesariamente en estadounidense y no caer bajo ninguna otra dominación europea...»

En los Estados Unidos, **José Martí**, establecido en New York desde 1880, movilizaba el apoyo de la comunidad cubana en el exilio, principalmente en *Ybor City* en Tampa y en *Key West* al sur de la Florida. Su objetivo era lanzar una revolución que lograra la independencia de España y descartara una anexión de Cuba a los Estados Unidos. Después de deliberaciones con clubes patrióticos en los Estados Unidos, las Antillas y América Latina, **"El Partido Revolucionario Cubano"** manifestó un creciente temor de que el gobierno de los Estados Unidos tratara de anexar Cuba antes de que la revolución pudiera liberarla de España. De hecho, muchos exiliados cubanos llegaron a creer que las palabras de Blane no solo se referían a Cuba, sino a toda la América Central y del Sur.

En La Habana, era debatible si en 1895 la mayor parte de los habitantes deseaban o no una guerra de independencia. El parlamento de Madrid acababa de votar en unas reformas liberalizantes para la isla, pero la reacción del gobierno de **Antonio Cánovas del Castillo** fue no implementar las reformas y asumir que todos los cubanos eran insurrectos. La Habana fue preparada para resistir una invasión desde afuera y cualquier complicidad de los criollos desde adentro.

En las páginas siguientes se ofrece una visión de **La Habana** que existía en 1895. Una **vista general**, los alrededores de la **Manzana de Gómez**, el **Paseo del Prado**, la **Guía Telefónica** de La Habana, un desfile de tropas españolas cerca del **Parque Central**, la mansión habanera del **Marqués de Comillas**, la nueva **Plaza de Tacón**, el **Dique Flotante** frente a Casablanca en la bahía y los **Voluntarios** reunidos para vitorear las tropas españolas.

Si en La Habana había dudas sobre si 1895 era o no el momento preciso para iniciar una **Guerra de Independencia**, en otros lugares de la isla, particularmente en Oriente, el ambiente era francamente insurreccional. **José Martí** fue el responsable principal de ese clamor independentista a través del periódico **Patria** en Nueva York y sus incansables viajes por las principales capitales de los Estados Unidos y la América Hispana. Su *Plan de Fernandina* había fracasado al incautar las autoridades estadounidenses las armas de una costosa y noble expedición, pero una vez recuperadas las fuerzas, la lucha en Cuba comenzó el 24 de febrero en varios potreros en **Baire** y **Bayate**, en la provincia de Oriente.

Martí y Máximo Gómez entraron en Cuba por *Playitas de Cajobabo*, Maceo por *Duaba*. El Capitán General **Emilio Calleja e Isasi**, tenía un ejército regular de 24,000 efectivos bajo sus órdenes. Los insurrectos que se alzaron en armas, mal armados y carentes de una adecuada organización y preparación militar no sobrepasaban los 4,000. Calleja no pudo sofocar la insurrección en Oriente, ni lo pudo hacer su sustituto, **Arsenio Martínez Campos**. En 1876 lo reemplazó **Valeriano Weyler**, con la encomienda de derrotar a los cubanos *"a cualquier precio."* España subió el destacamento de soldados a 320,000, que incluían 80,000 Voluntarios. Los insurrectos nunca pasaron de 45,000.

Esta vez, en 1895, La Habana sintió los rigores de la guerra, particularmente la llamada **Campaña de la Lanzadera**, llevada a cabo al este de La Habana, dirigida por Máximo Gómez. Su duración fue desde enero a marzo de 1896. Su objetivo: distraer la atención de las tropas españolas para ayudar a la incursión de Maceo al oeste de La Habana, en su plan de acosar y posiblemente capturar la capital. La estrategia cumplió su cometido, pero desafortunadamente Maceo fue muerto en una batalla en la zona de *Punta Brava*, al oeste de La Habana.

El **Titán de Bronce** había sobrevivido 92 combates, que le ocasionaron 26 heridas de campaña desde 1868 (8 de ellas en el combate de *Mangos de Mejías*, cerca de Holguín, en agosto de 1877). Su valor había rozado la temeridad y nunca concedió tregua a sus enemigos.

La **Campaña de La Habana** dejó a la capital sin la posibilidad de explotar el occidente del país, donde se ubicaba el 80% de la riqueza y vivían el 74% de los habitantes de Cuba. Con ello la base económica que sustentaba el mantenimiento del régimen colonial quedó desarticulada, la producción del azúcar, el tabaco y otros productos agrícolas fue destruida y el régimen colonial perdió toda posibilidad de sostenerse.

Las imágenes de las siguientes páginas culminan con **La Habana** como fortuita causante de la entrada de los Estados Unidos en la guerra de 1895, mostrando la entrada del **Maine** en La Habana, su posición en la bahía al explotar y una vista del desembarco norteamericano en las costas de Oriente.

El periódico *Patria* que Martí publicaba en Nueva York, su muerte en *Dos Ríos* y tropas mambisas en acción.

Tropas cubanas al mando de Antonio Maceo, su muerte en *Punta Brava* y la geografía de la región habanera.

El acorazado *Maine* entrando en La Habana, el lugar donde se encontraba anclado y tropas de los EEUU desembarcando en la playa de *Siboney*.

En el *Tratado de París* entre España y los Estados Unidos se acordó la **Primera Intervención de los Estados Unidos en Cuba**. El 1 de enero de 1899 se efectuó el cambio de poderes y el Mayor General **John R. Brooke** asumió la función ejecutiva de la isla. Esa administración temporal continuó a partir del 20 de diciembre de ese año con el nombramiento del Mayor General **Leonard Wood** como *Gobernador General de Cuba*. Ambos impulsaron la ejecución de numerosas obras públicas, administrativas y de saneamiento en la isla, entre ellas:

1. La **pavimentación** de calles, especialmente en La Habana,
2. La construcción del **malecón de La Habana** (de San Lázaro a La Punta),
3. La instalación de **alcantarillados** soterrados,
4. El **dragado de puertos**,
5. El desarrollo de un sistema de **recolección de desperdicios** y basura,
6. El desarrollo de redes para suministro de agua potable,
7. La organización y entrenamiento de fuerzas del **orden público** (policía, guardias rurales, ejército y marina),
8. La modernización de las redes de **gas** y **alumbrado eléctrico**
9. El desarrollo del **sistema de tranvías** en varias ciudades,
10. La reorganización de la **Enseñanza Superior**, apoyando el desarrollo de la *Universidad Nacional* y el *Instituto de Segunda Enseñanza de La Habana*,
11. La celebración de **comicios municipales y** la creación del **Poder Judicial**,
12. La modernización del **sistema de correos**,
13. La construcción de 354 kilómetros de nuevas carreteras,
14. El establecimiento de una **Biblioteca Nacional** (Castillo de la Fuerza),
15. La preparación del traspaso del poder a los cubanos después de formalizada una **Constitución** (1901) y llevar a cabo un **censo nacional** (que encontró 1,572,577 habitantes y 417,933 electores).
16. La incorporación de prestigiosos políticos e intelectuales cubanos dentro del gobierno de intervención, como **Domingo Méndez Capote** (Gobernación), **José Antonio González Lanuza** (Justicia), **Pedro Betancourt** (Gobernador de Matanzas), **Demetrio Castillo Duany** (gobernador de Oriente), **José Ramón Villalón** (Obras Públicas), **Enrique José Varona** (Hacienda), entre otros.

Los habaneros ayudaron con gran entusiasmo esas iniciativas que nunca esperaban recibir del país ocupador. Numerosas familias, por ejemplo, compraron parcelas junto al Malecón de La Habana donde construyeron casas con portales de estilo clásico, espacios interiores donde sembraron árboles y plantas ornamentales y aceras muy anchas entre la avenida y el muro por donde las familias paseaban los fines de semana. Todo iluminado por largas filas de faroles de gas. Desde esas casas contemplaban la famosa **Glorieta**, inaugurada el 20 de mayo de 1902, que los interventores habían regalado a La Habana y que desde entonces ofreció regularmente la música de bandas y orquestas cubanas todos los domingos. Fueron cuatro años de increíble progreso, regocijo y bienestar en **La Habana**.

En las fotos de la derecha, la famosa **glorieta** en un día de carnaval, **pavimentación** de la calle Neptuno en La Habana, **recogedores de desperdicios** bajo entrenamiento, el **dragado** del puerto de La Habana y la nueva **estación de correos** en el barrio del Cerro.

La intervención norteamericana preparó el camino para que los cubanos lanzaran su república con conocimientos y disciplina. El día 20 de mayo de 1902 sucedió, y el pueblo cubano se llenó de regocijo y estuvo de fiesta. Entre los presentes ese día en La Habana estaba **Enrique H. Moreno**, un joven periodista del diario *El Nuevo País* con apenas 20 años cumplidos. Esto fue lo que escribió 50 años más tarde en un artículo para la *Revista Bohemia* el 18 de mayo de 1952.

> «... Eran las diez de la mañana cuando llegué a Palacio. A lo largo de las aceras que circundan las manzanas de edificios que rodean la Plaza de Armas, un gentío inmenso se agolpaba. La Plaza estaba desierta. La Policía la había despejado de concurrencia porque en ella, casi enseguida, habrían de situarse tres compañías de la Artillería Cubana que, dirigidas por el Capitán José Martí, el hijo del Apóstol, harían guardia de honor en el lugar...
>
> De toda la isla habían llegado miles y miles de personas. La curiosidad, repito, el sueño, la aspiración, el deseo ferviente de todos era contemplar en El Morro la bandera cubana. Por eso, a lo largo del Malecón, que sólo llegaba a Galiano, en el murallón que corría desde el Castillo de la Punta a la Cortina de Valdés, una abigarrada muchedumbre se apretujaba y, plena de alegría, vitoreaba a Cuba y a los americanos que, por fin, rompían el último eslabón de la cadena que impedía la libertad de la patria amada.
>
> Volvamos a Palacio... Frente al Templete se situó una batería de artillería ligera. Iba a ser la primera en saludar la bandera de Cuba al subir, enhiesta, al mástil del viejo Palacio de los Capitanes Generales (...) Se oye un ruidoso aplauso, y ante el Palacio llega el General Máximo Gómez. Un murmullo primero, luego un intenso vocerío, seguido de una estruendosa ovación, anunció la llegada del señor Estrada Palma. Eran las 11:30 de la mañana. Trescientas, quizás cuatrocientas personas, llenaban el Salón Rojo. No se podía dar un paso. La numerosa concurrencia, formada por lo más representativo de Cuba, hablaba en voz baja, casi musitaba. Algunos, como impacientes, consultaban sus relojes.
>
> Pronto se oye un rumor y ruido de pasos. Por el patio que bordea el gran patio del Palacio avanza un grupo, no muy numeroso. Se destaca la fornida figura del General Wood, vistiendo de gala, y a su lado el señor Estrada Palma, menudo, parece nervioso. Van a dar las doce meridiano del día más bello que hasta entonces había tenido Cuba...»

En la página siguiente, fotos del **20 de mayo de 1902**: la multitud que se aglomeró frente al *Palacio el Capitán General*, que ese día ya era el nuevo edificio del gobierno Nacional de Cuba...la bandera de los Estados Unidos arriada en la azotea del Palacio... la bandera cubana izada unos minutos después... dentro del Palacio, el cambio de poderes. En la foto, al centro, **Tomás Estrada Palma**, **Máximo Gómez** y el General **Leonardo Wood...**

Una vez adquirida la independencia, La Habana se convirtió en una ciudad majestuosa. Sin embargo, las cosas no iban bien en la naciente república de Cuba.

El 26 de mayo, apenas 6 días de haber tomado posesión, Estrada Palma pronunció su primer mensaje al Congreso, enfatizando la necesidad de ser eficientes y económicos...

> «La tranquilidad y la seguridad públicas descansan en la disciplina del propio país...»

El 3 de noviembre se abrió la segunda sesión del Congreso y Estrada Palma presentó su primer presupuesto nacional, con un total de poco menos de $15 millones. 21 días después La Habana se fue a la huelga general y ocurrieron los primeros encuentros entre obreros y policía. Leslie Bethell, profesor Emérito de la Universidad de Londres y editor de **The Cambridge History of Latin America** interpretó esas primeras dificultades del gobierno de Cuba muy acertadamente en los siguientes términos:

> «Careciendo de cualquier tradición de autogobierno o disciplina política, con un bajo nivel de educación pública y empobrecidos por la guerra, el gobierno de La Habana se ha visto atrapado entre el creciente **control** estadounidense de la economía, la tierra y el azúcar y la **dominación** española del comercio y la cultura, ambos, control y dominación prácticamente garantizados por el tratado de paz entre los Estados Unidos y España. La política se ha convertido en la única vía para la mejora económica personal y el acceso a los recursos nacionales.»

En febrero de 1903 se celebraron las primeras elecciones de Cuba republicana. Emilio Terry, Secretario de Agricultura, las caracterizó diciendo:

> «... las elecciones han sido una farsa representada con menos vergüenza que en los tiempos de la colonia... en Oriente, por ejemplo, Juan Gualberto Gómez recibió muchos más votos de los que se emitieron realmente...»

En abril de ese año, al reunirse en La Habana el nuevo Congreso, los miembros electos a la Cámara por el *Partido Liberal Nacional* no se presentaron en protesta por las elecciones y, no habiendo quórum, esa primera reunión tuvo que ser suspendida. En La Habana, el secretario del Tesoro informó que había $10 millones en las arcas de la república. La prensa informaba que seis Congresistas fueron acusados de criminalidad por robos de archivos. Unos meses después, en junio de 1904, moría en su casa del Vedado el general Máximo Gómez y, el 22 de septiembre, el líder del Partido Liberal de Cienfuegos, es asesinado.

En las próximas tres páginas, escenas habaneras en los primeros años de la república, el *gabinete de Estrada Palma*, el *concesionario Ford* de La Habana, el *Habana Yacht Club* y el auge de actividades comerciales en *Neptuno y Galiano*, las calles *Obrapía*, *Concordia* y la *Calzada del Cerro*, la Joyería *La Esmeralda* en San Rafael 11, la construcción del *malecón* habanero, el nuevo *Dique Seco* de La Habana, rebeliones y *disturbios en la capital* y el reportaje sobre *Acorazado Denver* entrando en La Habana el 12 de septiembre de 1906 para intervenir la república.

Esa segunda intervención de los Estados Unidos en Cuba, en 1906, fue ocasionada por los disturbios, y levantamientos populares a raíz de la reelección de **Estrada Palma** por el **Partido Moderado** en 1906, y las acusaciones de fraude y violencia electoral del General **José Miguel Gómez**, candidato del **Partido Liberal**. Desde 1906 a 1909, Cuba estuvo bajo la administración y ocupación civil del estadounidense **Charles Magoon**, manteniendo banderas cubanas en los edificios públicos, pero no las decisiones ejecutivas. En los meses antes de la intervención, en La Habana se firmó un contrato de arrendamiento para la Bahías de Guantánamo y Bahía Honda, por el cual Estados Unidos pagaría $ 2,000 al año. En septiembre el presidente Estrada Palma renunció y tomó un tren con destino a Bayamo, Oriente.

La intervención, de hecho, fue solicitada por el propio Estrada Palma según indicara el Cónsul de los Estados Unidos **Frank M. Steinhart**:

«…Absolutamente confidencial. *El Secretario de Estado de Cuba, me ha pedido, en nombre del presidente Palma, que el presidente Roosevelt envíe de inmediato dos buques; uno a La Habana, otro a Cienfuegos; las fuerzas gubernamentales no pueden sofocar la rebelión. El gobierno no puede proteger la vida y la propiedad. Palma convocará al Congreso el próximo viernes, y el Congreso solicitará nuestra intervención forzosa. Debe mantenerse en secreto y confidencial que Palma solicitó los buques. Nadie aquí, excepto el presidente, el Secretario de Estado, y yo mismo lo sabemos. Muy ansiosamente esperando respuesta…*»

Roosevelt se enfureció, escribiendo en su diario…

«Estoy tan enojado con esa pequeña república infernal cubana que me gustaría borrarla de la faz de la tierra. Todo lo que hemos querido de ella es que los cubanos se comporten bien y sean prósperos y felices para no tener que interferir. Y ahora, he aquí, han comenzado una revolución completamente injustificable e inútil y pueden poner las cosas en tal enredo que no tendríamos alternativa … »

En la página siguiente se muestran el *acorazado Denver* entrando en *La Habana*, US marines lo observan desde El Morro, una vista general de La Habana y un plano de **La Habana** en 1909, al terminar la intervención de los Estados Unidos.

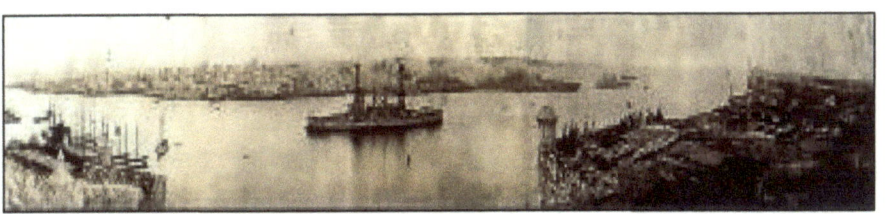

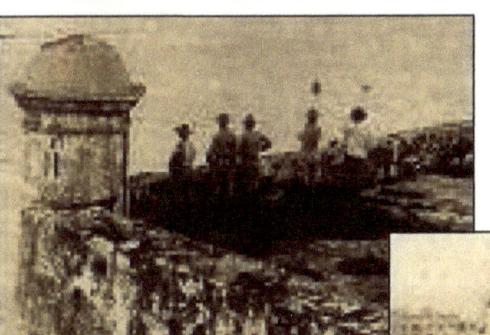

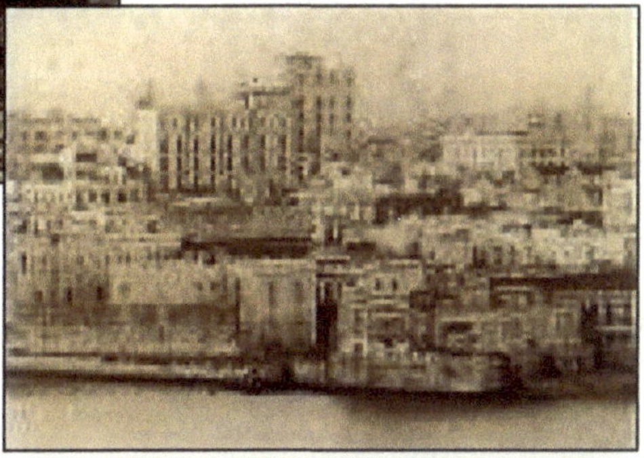

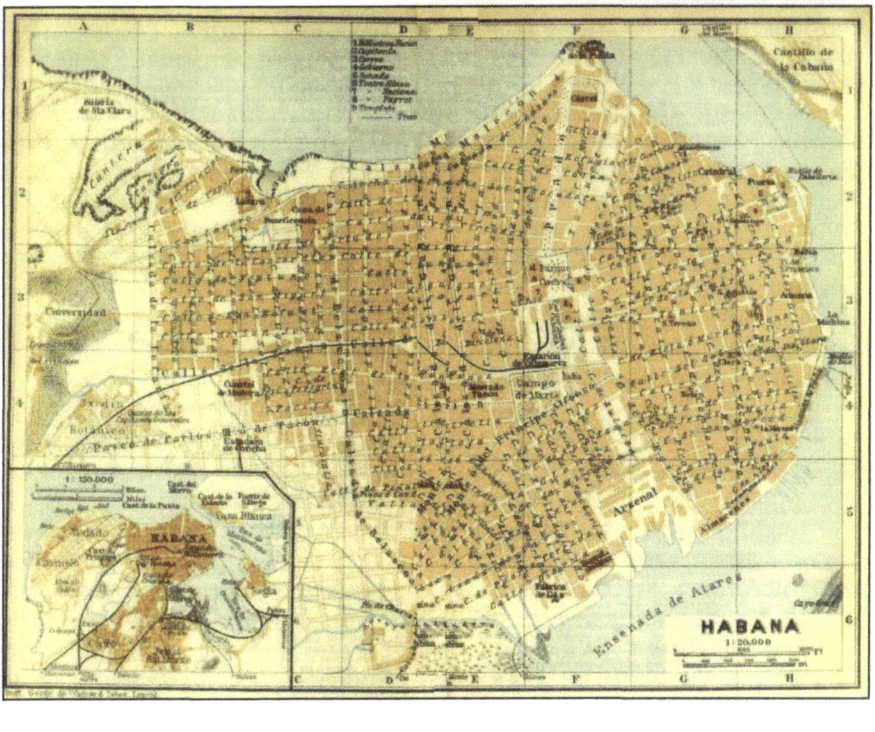
Castillo de la Cabaña
Universidad
Campo de Marte
Arsenal
Ensenada de Atares
HABANA
1:20.000

Parece ser la opinión de muchos estudiosos de la historia de Cuba que, al morir en combate o por su edad los grandes líderes de la lucha independentista, **José Martí, Máximo Gómez, Antonio Maceo, Calixto García**, la república puso solo contar con figuras de segundo nivel en la Guerra de Independencia, **José Miguel Gómez, Mario García Menocal, Alfredo Zayas, Gerardo Machado**, para las posiciones políticas importantes en los primeros años de su soberanía.

El desafío en 1902 era doble: por una parte, la pobreza en Cuba había llegado a límites casi intolerables; por otra parte, los criollos nunca tuvieron oportunidad de adiestrarse en las artes de gobernar por haber sido excluidos completamente del mundo de la política en Cuba durante los años de la colonia. Ni aun las más preclaras figuras nacidas en Cuba, como **Domingo del Monte, José Antonio Saco, José de la Luz, Félix Varela, Francisco de Arango y Parreño, Andrés de Jáuregui y Aróstegui, Pedro Regalado Pedroso, Andrés López de Queralta, Juan Bernardo O´Gavan y Guerra**, fueron bien recibidas en España, al contrario, muchos de ellos llegaron inclusive a ser amenazados con prisión si insistían en reclamar los puestos para los cuales fueron electos a las Cortes españolas.

Una sucesión de presidentes, hasta cierto punto *"meros aficionados políticos,"* terminó con la figura de **Gerardo Machado**, cuya intención de reelegirse provocó la llamada **Revolución de 1933**.

En la página al frente, los presidentes de la república desde 1902 hasta la *Revolución del 1933*: **Estrada Palma, José Miguel Gómez, Mario García Menocal, Alfredo Zayas, Gerardo Machado, Alberto Herrera Franchi** (un día), **Carlos Manuel de Céspedes Quesada** (un mes), la **Pentarquía (José M. Irisari, Porfirio Franca, Guillermo Portela, Ramon Grau, and Sergio Carbó,** (cinco días) **y Ramón Grau San Martín.** Debajo, dos escenas de las condiciones de vida misérrima en uno de los barrios marginales de la Habana (**las Yaguas, El Fanguito, La Pelusa, La Timba, Cueva del Humo, Llega y Pon**), y en uno de los *"solares"* o cuarterías en 1924 (con un total de 32,000 viviendas de un solo recinto o área de estar).

A finales de 1906, estalló en Cuba una rebelión abierta y se produjeron conflictos armados en todas las provincias. Los cubanos la bautizaron como *"la guerrita de agosto."* La opinión pública en La Habana se unió a la petición de **Estrada Palma** y demandó una intervención americana. El secretario de Guerra americano **William Taft**, anunció una visita a La Habana para dialogar con los líderes políticos. **Alfredo Zayas** le escribió anticipadamente a Taft pidiéndole la intervención de acuerdo con la *Enmienda Platt*. Los marines desembarcaron por Cienfuegos y Roosevelt terminó nombrando a **William Taft** Gobernador de Cuba. Estrada Palma abandona La Habana, causando la disolución del Partido Moderado.

Unos meses después se fundaron el **Partido Independiente de Color** y el **Partido Conservador**. Taft determinó que la *"guerrita de agosto"* había costado $8.6 millones de pesos, basado en *"15,000 reclamaciones de daños a la propiedad y 6,500 caballos y mulas robados o muertos en las refriegas..."* Un censo reveló que la población de Cuba aumentó en un 30% desde 1898 hasta 1910. En **La Habana** el *Diario de la Marina* comentó...

> «... Hay más médicos en esta ciudad que carniceros y más abogados que ingenieros... esta segunda intervención, desde el punto de vista sociológico, ha sido desastrosa para Cuba...»

Los líderes del **Partido Independiente de Color** fueron arrestados por violar la Constitución de 1901 que prohibía crear un partido con unidad étnica o religiosa (*la Ley de Morúa*, propuesta por el senador **Martín Morúa Delgado**, un hombre de color). **Evaristo Estenoz** and **Pedro Ivonnet** (cofundadores del *Partido Independiente de Color*) convocaron a una rebelión masiva de sus partidarios, a la cual se opusieron sus miembros residentes en La Habana. **José Miguel Gómez** lanzó el ejército contra los manifestantes. Los rebeldes controlaron Oriente e iniciaron muchos actos de sabotaje. Estenoz e Ivonnet murieron en combate. Más de 500 rebeldes fueron encarcelados en La Habana. **Mario García Menocal**, graduado de *Cornell University*, fue electo en 1913, y reelecto en 1921. Durante su presidencia, Cuba entró en la **Primera Guerra Mundial**, al día siguiente que los Estados Unidos declararon la guerra al imperio Alemán.

En la página al frente, una crónica publicada en el *Diario de la Marina* sobre la renuncia de *Tomás Estrada Palma* y una foto de los dirigentes del *Partido Independiente de Color*.

No hay que darle vuelta; las revoluciones son el sarampión de los pueblos; han de sufrirlas forzosamente en su edad de formación.

Cuba, aun bajo la mirada poderosa de los Estados Unidos, no ha podido escapar á esta suerte de los pueblos jóvenes, y su reciente conmoción política acaba de ponerla en la triste emergencia de una intervención norteamericana.

El presidente Estrada Palma creyó en el primer momento poder dominar la revolución sin sacrificar el principio de autoridad, que quería mantener íntegro. Los acontecimientos no favorecieron esta actitud, y Estrada Palma prefirió renunciar la presidencia á ejercerla en pleno desorden y bajo la influencia de la acción de los Estados Unidos.

El comisionado Taft asumió entonces el rol de pacificador y las fuerzas yanquis desembarcaron en la isla.

Esta intervención ha despertado los recelos de todas las potencias, pero el presidente Roosevelt declaró que los Estados Unidos no pretenden la anexión de Cuba y que sólo quieren poner á ese país en condiciones de reorganizar su gobierno sobre bases estables.

El general Funston, comandante en jefe de todas las fuerzas norteamericanas desembarcadas en la isla, ha declarado que el desarme de los revolucionarios es sólo cuestión de dos ó tres días. Han sido completamente desarmados los de las provincias de Santiago y de Puerto Príncipe, pero la operación sufre alguna demora en la de la Habana.

El presidente Estrada Palma en su gabinete de trabajo

General Rafael Montalvo, secretario de obras públicas, nombrado jefe de las operaciones de campaña

General Quintín Banderas, jefe de los revolucionarios de la Habana, muerto por la guardia rural

Coronel Faustino Guerra Puente (Pino Guerra), jefe de los revolucionarios de Pinar del Río

Ivonnet — Estenoz

La Habana en sus 500 Años 95

En 1925, **Gerardo Machado y Morales**, general villaclareño de la *Guerra de Independencia*, fue electo con extraordinaria popularidad como quinto presidente de Cuba. La isla se encontraba azotada por un serio desempleo y Machado lanzó muy acertadamente un extenso programa de obras públicas que aliviaron las condiciones de miles de cubanos, sobre todo al afrontar al enorme impacto de la recesión mundial de 1929.

Machado había sido inspector de las fuerzas armadas de Cuba bajo la presidencia de José Miguel Gómez y como partidista Liberal estuvo involucrado en la *Guerra de la Chambelona* en 1917.

La Chambelona fue el alzamiento del expresidente **José Miguel Gómez** -*Liberal*- en La Habana contra las fuerzas gubernamentales del presidente **Mario García Menocal** -*Conservador*. La disputa se originó al no aceptar los Conservadores la derrota en las elecciones presidenciales de 1916. Las fuerzas de Menocal fueron vencedoras gracias al apoyo legal de los Estados Unidos, pero tuvieron que ceder la presidencia al candidato liberal que había ganado las elecciones de 1916, **Alfredo Zayas**.

Gerardo Machado alcanzó la presidencia al aliarse a Zayas, su congénere liberal y compañero de armas. Su lema de campaña contra Menocal, que trató de volver a ser presidente en 1924, fue *"Agua, Carreteras y Escuelas,"* y, en efecto, en su primer período (1925-1929) Machado fue un estupendo presidente. Gracias a la prosperidad que trajo a Cuba una extensa inversión azucarera, Machado lanzó un ambicioso programa de obras públicas: la **Carretera Central**, el **Capitolio Nacional**, la ampliación y las escaleras de la **Universidad de La Habana**, el **Hotel Nacional**, el **Museo de Bellas Artes**, el **Hospital Calixto García**, por mencionar sólo unas cuantas.

Machado salió de nuevo electo en 1928, pero intentó modificar la Constitución de 1901 y reelegirse en 1932. Esa ambición de mantenerse en el poder, junto con el descenso de los precios mundiales del azúcar, generaron un gran descontento popular que culminaron con la desastrosa **Revolución de 1933**.

En la página siguiente algunas de las obras públicas llevadas a cabo por Machado: el **Hotel Nacional**, la **Carretera Central**, el **Capitolio Nacional** y la **Escalinata de la Universidad** de La Habana.

La **Revolución de 1933** o *Revuelta de los Sargentos y Estudiantes*, fue una violenta oposición del pueblo cubano al intento del presidente **Gerardo Machado** de perpetuarse en el poder en 1932. Los eventos se recrudecieron por la miseria generalizada causada por el colapso económico de 1929, que a finales de la década de los 1920s crearon disturbios de estudiantes, obreros y militares en toda la América Hispana, incluyendo Cuba.

Esta revolución de 1933 en Cuba fue principalmente encabezada en La Habana por la *Federación Estudiantil Universitaria (FEU),* las *Fuerzas Armadas* y una organización derechista secreta conocida como el *ABC.* Su recrudecimiento se debió en gran parte a la brutal represión del gobierno del presidente Machado. La acción concurrente de esas fuerzas transformó la protesta contra Machado en una agitación revolucionaria.

El presidente **Franklin D. Roosevelt**, preocupado por la falta de estabilidad política en Cuba envió a La Habana a su asistente *Benjamín Sumner Welles* para conciliar los ánimos. Inicialmente Welles actuó como mediador, pero luego alentó a la oposición y minó la lealtad del ejército al presidente. Machado, que intentaba desesperadamente hacer frente a la presión de Welles, no pudo controlar una huelga general en agosto de 1933. La nación se paralizó, los bajos mandos del ejército, dirigidos por *"un Sargento llamado Batista,"* se rebelaron contra la presidencia, los estudiantes armaron incontrolables disturbios y Machado huyó de Cuba.

La Revolución de 1933 fue el primer *Coup d'État* en la historia de Cuba. Los revolucionarios lucharon por impulsar un programa radical y ambicioso de reformas sociales profundamente nacionalistas, pero el caos y las destrucciones resultaron difícil de controlar. Washington mantuvo por meses una severa política de *"no reconocimiento."* de los intentos de establecer un gobierno provisional en La Habana. En 1934 Fulgencio Batista, posiblemente el menos radical de los descontentos, puso fin al desorden, dio el visto bueno a una nueva Constitución en 1940 y convocó a elecciones. Fue de inmediato reconocido por el gobierno de Washington.

La revolución de 1933 marcó un nuevo rumbo en la evolución de la Cuba del siglo XX. En principio abrió paso a una nueva y progresista legislación social, por otra parte, legitimó la violencia como instrumento de transformación política, de lo cual Cuba muy pronto iba a arrepentirse.

En las fotos de la derecha: el asesinato de **Antonio Jiménez**, jefe de *"La Porra,"* la milicia secreta de Machado, en la esquina habanera de Prado y Virtudes. Una foto de la portada del *New York Times Magazine* con los vítores al soldado del ejército que **abatió a tiros** a Antonio Jiménez. La quema del periódico **Heraldo de Cuba**, favorable a Machado. Los estudiantes de la **FEU**, armados, frente a la Universidad.

Durante la **Revolución de 1933**, La Habana fue el escenario principal de actos de violencia política, terrorismo e incertidumbre. Consumada la *Revolución* con la nueva **Constitución de 1940** y la elección honesta de **Fulgencio Batista** como presidente de la República, los cubanos debían haber sentido una sincera alegría por el fin de los atentados, recelos, temores y tristes presagios... **pero no fue así**. El esfuerzo que habían creído heroico les impidió a los cubanos tener un pensamiento verdaderamente renovador y fructífero, capaz de llevar a cabo una auténtica transformación de Cuba. Nadie, ni *auténticos*, ni *menocalistas*, ni *miguelistas*, ni *populares*, supo encontrar y atacar la raíz de los males de Cuba mientras se realizaba la enorme cruzada, y los males mostraron en seguida su vieja cara. La Revolución del 1933 resultó ser un evento apartado y distante de las causas profundas de la desdicha pública del pueblo cubano. Los cubanos habían arado en el mar pero, en 1940, todos creyeron que en Cuba había vuelto la tranquilidad.

Una vez electo como candidato de la *Coalición Socialista-Democrática* en las elecciones de 1940, **Fulgencio Batista**, en asuntos domésticos, consolidó su control a través del patrocinio en lugar del terror, cultivó el apoyo del ejército, el servicio civil y las fuerzas obreras organizadas y, aunque se enriqueció enormemente, también gobernó efectivamente al país, expandiendo el sistema educativo, haciendo numerosas obras públicas y fomentando la economía. En lo internacional, a pesar de haber aceptado militantes Comunistas en su gobierno, colaboró estrechamente con Washington durante la Segunda Guerra Mundial. En 1944 convocó a nuevas elecciones, le entregó debidamente la presidencia a Ramón Grau San Martín, marchando a Daytona, Florida, donde vivió por varios años.

Ramón Grau San Martín, hijo de un potentado tabacalero cubano de Pinar del Rio, se había graduado de *Medicina* en La Habana en 1908 y, después de años en Europa, volvió a Cuba como profesor de fisiología de la *Universidad de La Habana*. A raíz de la Revolución de 1933 fue escogido por la FEU como presidente de la república, cargo que ostentó por 100 días. Depuesto por Batista, fue electo en 1944 como presidente constitucional. Durante su gobierno, Grau permitió que grupos político-gansteriles originados en la época de Machado tuvieran rienda suelta en la política y la economía cubana. Su gobierno se definió por una excesiva corrupción y malversación. En 1948 le traspasó la presidencia a uno de sus ministros, **Carlos Prío Socarrás**, nuevo presidente constitucional electo de Cuba.

En la página siguiente: **Batista** en 1934 saludando a *Sumner Welles*, el enviado de Roosevelt. La **propaganda presidencial** de Batista en 1940, en alianza con los Comunistas. El presidente **Grau San Martín** en su consulta médica de *17 esquina a J*, en el Vedado. Un portarretrato de **Batista** en 1940 y, finalmente, **Grau en 1944**, saludando al pueblo desde el Palacio Presidencial.

El 1 de julio de 1948, **Carlos Prío Socarrás**, el *"presidente cordial,"* fue electo presidente de Cuba por el *Partido Auténtico*. Fue el primer mandatario cubano que nació en una Cuba independiente y el último en obtener su cargo mediante elecciones universales, limpias e indisputables.

Prío se había destacado en la revolución de 1933 como uno de los líderes estudiantiles, sirvió dos años de presidio político que interrumpieron sus estudios en la Escuela de Leyes de la Universidad de La Habana y, durante la administración de Grau San Martín, se desempeñó como *Ministro de Obras Públicas, Ministro de Trabajo y Primer Ministro.*

Prío nació en Bahía Honda, Pinar el Rio, pero fue en **La Habana**, donde transcurrió su infancia y juventud. Tenía raíces humildes y era hijo de un combatiente Mambí en la Guerra de Independencia. En sus propias palabras...

« *...dicen que fui un terrible presidente de Cuba. Eso puede ser cierto. Pero fui el mejor presidente que tuvo Cuba...* »

Los ocho años bajo Grau y Prío fueron únicos en la historia cubana con un estricto orden constitucional y libertad política. En dos elecciones consecutivas (1944 y 1948), los cubanos expresaron su avidez por un gobierno de libertades civiles, primacía de la cultura cubana y logro de la independencia económica. Aunque nunca pudo controlar la violencia surgida en la vida cubana en los años 1930s (creando la **Ley de Represión del Gansterismo**), Prío dedicó muchos esfuerzos a restablecer el orden social en Cuba, luchar contra la inflación y la bolsa negra, combatir la corrupción política, poner en marcha varios programas de reforma agraria y expandir el comercio exterior.

Sus mayores logros fueron posiblemente la creación del **Banco Nacional**, el **Banco de Fomento Agrícola**, el **Tribunal de Cuentas**, y avanzar el proyecto de construcción de la **Plaza de la República** en La Habana (concebido en 1940), con los diseños de la *Biblioteca Nacional*, el *Palacio de Comunicaciones* y el *Palacio de Justicia*. Bajo su gobierno se hicieron nuevas carreteras en la costa norte de Cuba, se inauguró el Mausoleo donde están los restos de **José Martí** y se comenzaron obras de un *túnel bajo el río Almendares* en la ciudad de **La Habana**.

Carlos Prío fue depuesto por un golpe militar liderado por el expresidente y militar Fulgencio Batista el 10 de marzo de 1952, tres meses antes de que tuviera lugar una nueva elección presidencial. Los cubanos creyeron que tarde o temprano se abriría de nuevo el cauce democrático, pero no fue así. El golpe de Batista abrió paso al primer régimen Marxista en la historia de las Américas.

En la página siguiente... Grau San Martín con su sucesor el presidente **Prío**, el traslado de los **restos de José Martí** de La Habana al Mausoleo de Santa Ifigenia, el **Banco Nacional de Cuba**, el túnel sobre **el rio Almendares** y una vista nocturna de la **Plaza Cívica** en 1958.

La Habana en sus 500 Años

En 1952, **La Habana** era una ciudad de intensa vida nocturna, con una docena de cabarés, lujosos hoteles, cientos de autos del año circulando por las calles y las visitas de luminosas estrellas de la farándula como **Sarita Montiel, Frank Sinatra, Liberace** y **Nat King Cole**. Seguros y acostumbrados a un progreso desmedido, los cubanos estaban listos para llevar a cabo su tercera elección nacional después de la *Revolución de 1933*, que apenas algunos recordaban.

Fulgencio Batista, apreciado por muchos cubanos por su rol constructivo cuando fue electo presidente de Cuba en 1940, no tenía posibilidades reales de volver a la presidencia en esas elecciones de 1952 como candidato del *Partido Acción Unitaria*. El candidato del *Partido del Pueblo Cubano (Ortodoxo)*, **Roberto Agramonte**, era el más probable triunfador en las elecciones. Agramonte había sido Decano y Rector de la *Universidad de La Habana* y era el heredero natural del fundador del partido, **Eduardo Chibás** tras su suicidio.

En la madrugada del **10 de marzo de 1952**, el pueblo de La Habana disfrutaba de una espléndida noche de carnaval; nadie sospechaba que se estaba poniendo en marcha una siniestra conspiración liderada por Fulgencio Batista para apoderarse del poder en Cuba. Una vez consumada la asonada militar, el expresidente Batista se instaló en el poder, derogó la **Constitución** de la República vigente desde 1940 y estableció una dictadura militar que, con el tiempo, recurrió a una brutal represión caracterizada por el crimen y la tortura.

Para asegurarse en el poder, Batista estableció dentro del Ejército, la Policía y la Marina: el **Servicio de Inteligencia Militar (SIM)**, el **Buró de Investigaciones (BI)**, el **Buró para la Represión de las Actividades Comunistas (BRAC)**, el **Comité Investigador de Actividades Comunistas**, una **Policía Secreta**, la **Policía Judicial**, el **Servicio de Inteligencia Naval**, el **Departamento de Investigaciones de la Policía Nacional**, así como el grupo paramilitar, los **Tigres de Masferrer**.

Ante una impotencia inevitable, el *Partido Auténtico* de Grau y Prío se dividió en varias facciones y el *Partido Ortodoxo* de Bisbé y Agramonte sufrió de una incontenible pasividad, división y desorden. Prío se marchó al exilio sin haber renunciado a la presidencia y desde el exterior, en Miami, México y Caracas, continuó organizando y financiando la resistencia a Batista. Todo resultó ser en vano.

En la página siguiente, **Fulgencio Batista** dirigiéndose a la soldadesca el 10 de marzo de 1952 y la primera página del **Diario de la Marina**. El **Carnaval** habanero de 1952 y el salón Arcos de Cristal del cabaré **Tropicana**, los últimos testigos de una ciudad llamada a perder su libertad.

Durante los años comprendidos entre el 10 de marzo de 1952 y los finales del régimen de Batista en 1958, Cuba no fue ni el paraíso de las nostálgicas imaginaciones del exilio cubano, ni el infierno pintado por los revolucionarios Marxistas. Estos últimos, erróneamente calificaron a Cuba como *"el burdel degradado y hambriento de las Américas."* Cuba, como bien la recuerdan los exiliados, fue ciertamente *uno de los países más avanzados y exitosos de América Hispana.*

La Habana, era una ciudad **resplandeciente** y **dinámica**. En los 50 primeros años de su independencia, la economía del país, impulsada por la venta de azúcar a los Estados Unidos, creció dramáticamente, ocupando el quinto lugar en el hemisferio en **ingresos per cápita**, tercero en **esperanza de vida**, segundo en propiedad per cápita de **automóviles** y **teléfonos**, primero en número de **televisores** por habitante con la cuarta más **alta tasa de alfabetización**, 76%, de toda la América Hispana. Cuba ocupó el 11avo puesto en el mundo en **número de médicos** per cápita. La distribución del ingreso de Cuba comparaba favorablemente con la de otras sociedades del mundo occidental. Una próspera clase media vivía la promesa de bienestar y movilidad social.

Había sin embargo profundas **desigualdades** en la sociedad cubana, particularmente entre la ciudad y el campo. Fuera de **La Habana** y otras capitales de provincia, muchos cubanos vivían sumergidos en la pobreza. La producción de azúcar era estacional (cuatro meses al año), y los obreros del azúcar estaban perpetuamente endeudados y viviendo al margen del resto de los cubanos. Muchos estaban gravemente desnutridos, sin una adecuada atención médica y sin acceso al sistema educacional más allá del primer o segundo grado.

Los clubes privados y las playas de la isla estaban **segregados**, sobre todo en los círculos exclusivos de **La Habana**. La capital parecía una gran ciudad europea o norteamericana, con un nivel de vida semejante a New York o Chicago y superior al de muchas ciudades en Francia, España, Portugal o Italia. La Cuba rural, sin embargo, era muy parecida a las más humildes sociedades de la América Hispana y del Caribe.

Desde 1933 hasta el final de la república en 1958, los problemas sociales de Cuba se vieron agravados por una recurrente política de violencia, caos y corrupción. No sólo fue cuestión de gobiernos corruptos; una vez diezmados los principales líderes independentistas, ninguno de los que quedaron supo aprovechar el ímpetu y el entusiasmo patriótico desatado durante la cruzada por la independencia. A partir de 1940 Cuba vivió algunos años de democracia y elecciones libres, pero siguió padeciendo de robo público y violencia política. Parecían ser años de democracia, libertad, justicia social y respeto por los derechos humanos, pero el estigma trágico de la ambición, la corrupción y el desorden prevaleció interminablemente. Batista rompió las esperanzas de respeto y constitucionalidad y, cuando huyó de Cuba, le cedió el poder a un hombre que tenía una larga historia de gansterismo y criminalidad.

En las páginas siguientes se muestran algunas imágenes de **La Habana** de 1958, seguidas de fotos que revelan la gran **pérdida de talento** que Cuba sufrió en 1959 cuando dos millones de cubanos se negaron a vivir en un régimen Marxista y marcharon al exilio.

La Habana Física antes de 1959.

1 - Ayuntamiento de La Habana en construccion.
2 - Loteria Nacional.
3 - Palacio de Justicia.
4 - Periodico "Prensa Libre"

La Habana Intelectual antes de 1959

Lydia Cabrera, Gastón Baquero, Jorge Mañach, Zoé Valdés, Severo Sarduy, Cabrera Infante, Carlos Ripoll, Marcelo Alonso, Leví Marrero, Herminio Portell Vilá, Felipe Pazos y Ángel Cuadra.

La Habana Intelectual antes de 1959 (continuación)

Alejo Carpentier, Labrador Ruiz, Reinaldo Arenas, Dulce María Loynaz, Matías Montes Huidobro, Virgilio Piñera, Eduardo Manet, Jacobo Machover, Lezama Lima, Heberto Padilla, Agustín Acosta y Luis Aguilar León.

La Habana de Pintores y Escultores

Mario Bencomo,
Mario Carreño,
Gustavo Acosta,
Mariano Rodríguez.

La Habana de Pintores y Escultores (continuación)

Eduardo Abela,
Amelia Peláez,
René Portocarrero.

La Habana de Pintores y Escultores (continuación)

Roberto Estopiñan,
Juan José Sicre,
Tony López,
Agustín Cárdenas.

La música siempre ha sido uno de los cimientos esenciales de la nación. Los ritmos musicales describen la historia y las tradiciones e identifican al cubano en todas y cada una de las épocas. Los músicos cubanos son reconocidos en todo el mundo por su originalidad y su contagiosa habilidad. En Europa, y de un lado a otro de las Américas la gente reconoce los nombres y el ritmo de **Miguel Matamoros**, **Bebo Valdés**, **Albita Rodríguez**, **Olga Guillot**, **Celia Cruz**, **Benny Moré**, **Dámaso Pérez Prado**, **Ernesto Lecuona** y **Gonzalo Roig**, por mencionar algunos. Casi todos, han recorrido las grandes capitales, presentando desde **sones** y **boleros** hasta **sucu-sucus**, enriqueciendo las vidas de sus públicos con los encantos de una música que tiene algo de española, africana, sajona y hasta oriental.

El patrimonio musical cubano es hasta cierto punto único. Una formidable mezcla de la danza criolla, la contradanza y la habanera dio lugar al **danzón** en los años inmediatos al final de la Guerra de los Diez Años. El primero que tuvo esa musa y creatividad fue el compositor, trompetista y director de orquesta matancero **Miguel Failde Pérez**, alumno del *Conservatorio de Paris*. Todavía en el siglo XXI los cubanos siguen bailando "Las Alturas de Simpson," el primer danzón de la historia. Los musicólogos conocen por lo menos 144 danzones escritos por Failde.

Muchos años después, en la década de los 1940, **Arsenio Rodríguez**, otro matancero, gran maestro de la tumbadora y el tres y muy popular intérprete del *son montuno* (antecesor de la salsa), el *guaguancó* y la *guaracha* escribió su primer **mambo**, titulado "Bruca Maniguá," que la orquesta *Casino de la Playa* convirtió en un hit en 1937 y la *RCA Victor* divulgó por el mundo entero. Muchos mantienen que antes de Arsenio, los hermanos **Cachao y Orestes López** ya habían escrito mambos en los 1930s. Ya sea uno o el otro, el ritmo sincopado del mambo fue internacionalizado por **Dámaso Pérez Prado** en los 1950s, que lo popularizó como un aristocrático baile de salón.

Del mismo origen popular fue en 1953 el ritmo contagioso del **Chachachá** (una mezcla maravillosa de danzón y son montuno) que compuso por primera vez el violinista y compositor habanero **Enrique Jorrín**, un maestro del danzón, al frente de la *Orquesta Aragón*. Ese primer Chachachá lo tituló "La Engañadora."

Esos ritmos competían con una música salida de boca y manos de cimarrones y negros libertos desde los barracones y plantaciones de azúcar en Cuba, la **rumba** (tres tumbadoras, que compiten fuertemente a medida que aumentan intensidad y erotismo). La historia no recoge ni el nombre ni el autor de la primera conga a principios del siglo XX en Cuba. A pesar de que en Cuba fue prohibida en los mejores centros de baile, puede decirse que la conga ha amenizado fiestas en el mundo entero.

A continuación, se presentan algunas personalidades populares de la música cubana, tanto formal como de fiestas de salón

La Habana Musical antes de 1959

Ernesto Lecuona, Bola de Nieve, Benny Moré,
Xiomara Alfaro, Osvaldo Farrés, La Lupe, Bebo Valdés,
Olga Guillot, Eliseo Grenet, Arturo Sandoval,
Rita Montaner y Cachao

La Habana Musical antes de 1959 (continuación)

Esther Borja, Manolo Fernández, Marta Pérez, Gonzalo Roig, Rolando Laserie, Olga Chorens, Fajardo y sus estrellas, La Orquesta Aragón, La Sonora Matancera, el Conjunto Casino, Celia Cruz y La Orquesta Riverside.

La Habana Musical antes de 1959 (continuación)

La Habana y el resto de Cuba se ha ido al exilio desde 1959.

El 31 de diciembre de 1958, los habaneros, como todos los cubanos, se reunieron en familia y con sus mejores amigos para celebrar el fin de año, a pesar del país padecer de asaltos, violencia y persecuciones políticas y militares. En el *Campamento de Columbia*, sin embargo, **Fulgencio Batista**, en una muestra evidente de su **cobardía**, salió silenciosamente de una reunión festiva con sus colegas militares y se dirigió al aeropuerto de la base para montarse en un avión donde ya lo esperaba su familia, y escapar a la República Dominicana, abandonando al país en manos de los Comunistas.

Batista había agotado todos los recursos a su alcance para refugiarse en Estados Unidos, pero Washington, despectivamente, nunca le concedió la entrada. Eran tiempos en el que muchos funcionarios del Departamento de Estado Americano estaban *deslumbrados* con Fidel Castro y no alcanzaron a ver el peligro que la revolución representaba para el futuro de los cubanos y para los intereses de Washington. Según palabras de Arthur Gardner, ex embajador de Estados Unidos en La Habana…

«… *Washington ha hecho de Castro un Robin Hood y de Batista un matón… estoy convencido de que el Departamento de Estado está bajo la influencia de las historias de* Herbert Matthews, *el periodista del* New York Times, *y que Castro se ha convertido en una especie de fetiche para ellos… sobre todo para* Richard Roy Rubottom, *subsecretario de Estado para Asuntos Interamericanos, y su asistente* William Arthur Wieland… »

Desde 1959, en lo que ha dado en llamarse la **"revolución permanente,"** Cuba ha sufrido los engaños, crueldad y traiciones habituales de todos los países oprimidos por el Comunismo. Cientos de oponentes han sido **fusilados**, dos millones de cubanos se han marchado al **exilio**, ha desaparecido la **libertad de prensa**, la **educación privada**, el **derecho de propiedad**, la libertad política y el **derecho de reunirse, moverse libremente** y, por supuesto, el **derecho al voto**. Se ha desatado una inhumana pobreza y una precaria escasez que asfixia a toda la ciudadanía, excepto la claque Comunista. Hasta el *New York Times* ha editorializado…

«… *Castro se ha vuelto un peón de Rusia y de Venezuela, ignorando que el destino de los peones es normalmente el de ser sacrificados…* »

La revolución cubana no ha sido una **"revolución proletaria,"** ni Cuba se ha convertido en un **"estado obrero,"** como alardean los Marxistas cubanos. Comenzó como una respuesta engañosa a la dictadura Batistiana y muy pronto se transformó en un vehículo autoritario, paternalista y burocrático para la burguesificación de un grupo de gánsteres estalinistas domésticos.

La página siguiente muestra las mentiras y falsedades que hicieron posible la transformación de Cuba en un estado Comunista hace ya más de medio siglo: más de **5,700 fusilados** desde enero de 1959, Castro engañó al pueblo **ocultando su militancia marxista**, el Comunismo falseando la historia. La imagen de Huber Matos **ha sido borrada** de los billetes de $1 cubanos y de todos los documentos disponibles al público.

**¿ Dónde está Huber Matos?
Fue borrado de la Historia de Cuba.**

Huber Matos

La Habana en sus 500 Años

Cualquier visitante a **La Habana** que haya conocido la ciudad en los años de mediados del siglo XX se da cuenta que el nivel de destrucción de la ciudad es espantoso, unido al abandono, la desidia y la perenne suciedad. Todo parece estar mugriento y abandonado, la basura se acumula en las esquinas y los solares yermos, los edificios que se han caído simplemente son abandonados. Sólo los hoteles de cadenas extranjeras, mayormente españolas, lucen normales. Muchas áreas de La Habana tienen un aspecto lastimero, más parecido a las imágenes de un país en guerra que a la ciudad pacífica y próspera que los Comunistas a cargo pretenden enseñarles a los turistas. Cuba entera, y La Habana en particular, son una hecatombe viviente.

El **malecón de La Habana**, por ejemplo, construido durante la ocupación de los Estados Unidos en 1898 y ampliado por los gobiernos cubanos a principios de siglo, con ocho inestimables kilómetros a la orilla del mar, tiene hoy en día innumerables edificios totalmente en ruinas, la avenida carece de luz durante la noche, las barriadas a sus alrededores están llenas de miseria y pobreza. Todo ha caducado criminalmente por dejadez y abandono.

Los cubanos nos orgullecíamos de tener en **La Habana** una de las capitales más modernas y desarrolladas del mundo, la más hermosa de la América Hispana. Hoy La Habana no es más que un miserable pero enorme villorrio, orgullo solamente del comunismo Castrista que se entretiene gritando ¡Socialismo o muerte!

Muchos habaneros, acostumbrados a lo absurdo, pasean como **zombis** por la ciudad, buscando comida, jabón o algo de beber, ajenos y acostumbrados a la catástrofe que les rodea, en esa permanente escasez que han impuesto los Marxistas para mantenerlos ocupados buscando lo que comer ese día en lugar de tener tiempo para protestar. Ya a nadie se le ocurre ni se atreve a conectar los puntos y hacer responsables a esos dirigentes incompetentes e ineptos que viven y comen bien gracias al Comunismo.

En realidad, ya no hay más fórmulas del **socialismo** que los dirigentes Marxistas traten de explorar. Todos los negocios privados se expropiaron, se nacionalizaron todas las industrias, se confiscaron los hoteles, las cafeterías y las tintorerías, fueron destrozadas las fincas agrícolas que surtían de alimentos a La Habana y ya lograron asfixiar toda la iniciativa privada. Ahora hay *"cooperativas de producción"* en lugar de guajiros machos que con sus mujeres sabían cultivar la fértil tierra cubana. Se sofocó todo el sistema productivo hasta morir. ¡Todo ha sido espoleado al colapso y la destrucción total! **La Habana** de hoy se deshace a pedazos.

En las páginas siguientes, unas cuantas vistas aterradoras de lo que está ocurriendo y en lo que se ha convertido La Habana de hoy. No es La Habana que ven los turistas... es **La Habana en que viven los habaneros.**

El Comunismo ha añadido a los patriotas cubanos un grupo de autócratas y déspotas extranjeros que jamás han hecho nada por Cuba. Los 16 periódicos diarios de La Habana de 1958 se han reducido a 3 órganos de propaganda e indoctrinación Marxista.

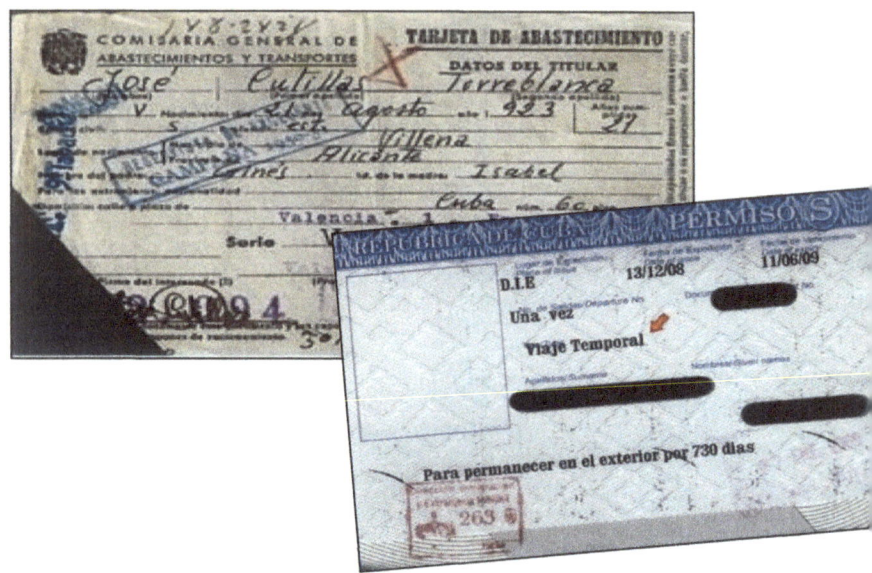

En una de las tierras más fértiles del planeta, la comida diaria está *racionada*. Los cubanos no pueden salir del país sin *permiso del gobierno*. Los formidables y modernos colegios cubanos, como el de la Salle del Vedado, han sido *abandonados* para borrar todo el recuerdo del pasado.

ANTES de 1959

DESPUES de 1959

La pavorosa destrucción de La Habana por abandono e indolencia ha privado a los habaneros de los avances y las comodidades a que estaban acostumbrados. Un ejemplo, el estado de ruina en que ha sido condenado el famoso *Teatro Campoamor* de Industria y San José.

Inmundicias y abandono en La Habana Marxista

Inmundicias y abandono en La Habana Marxista

Inmundicias y abandono en La Habana Marxista

ÍNDICE

A

Agnus Dei, 54
Agramonte, 54, 104
Aguilera, 54
Alcábala, 32
Almendares, 32, 102
Amigos del País, 44, 58, 62
Arango y Parreño, 44, 54, 62, 92
Arsenal, 38, 42, 66
Atarés, 20, 44, 68
Avería, 32
Azúcar, 44, 56, 62, 72, 78, 86, 96, 106, 114

B

Bachiller y Morales, 50, 54, 62
Baire, 78
Bancarrota, 72
Banco, 72, 102
Baracoa, 14
Batista, 98, 100, 102, 104, 106, 118
Bayamo, 14, 26, 90
Bellas Artes, 96
Beneficencia, 36, 44, 60

C

Cabildo Habanero, 18
Cabrera Infante, 7
Cádiz, 30, 32, 44
Calixto García, 92, 96
Cánovas, 74
Capitanes Generales, 24, 36, 68, 84
Carracas, 30
Carretera Central, 96
Casa de Contratación, 32
Casabe, 14
Casablanca, 74
Castillo, 20, 24, 28, 34, 42, 44, 52, 54, 68, 74, 82, 84
Catedral, 36, 44, 68
Céspedes, 24, 44, 48, 54, 68, 92

Ch

Chopin, 48

C

Comunista, 118
Conde de Villanueva, 66
Constitución de 1940, 100
Convento, 36, 50, 54, 62, 68
Correos, 82
Coup d'État, 98
Cristóbal Colón, 7, 8, 12, 14

D

Desigualdades, 106
Diario de la Marina, 94, 104
Diego Velázquez, 14
Dique Flotante, 74
Documento Colombino, 8
Domingo del Monte, 62, 92

E

El Louvre, 58, 68
El Morro, 20, 40, 64, 84, 90
Enrique VII de Inglaterra, 8
Esclavitud, 56, 74
Espíritu Santo, 14, 36
Estados Unidos, 6, 66, 74, 78, 82, 84, 86, 90, 94, 96, 106, 118
Estrada Palma, 84, 86, 90, 92, 94
Exilio, 74, 104, 106, 118
Extramuros, 20, 22, 32, 42, 60, 68

F

Faro, 64
Federación Estudiantil Universitaria, 98
Felipe Poey, 62
Félix Varela, 52, 54, 62, 92
Fernando VII, 24
Ferrocarril, 66
Flota de Indias, 30, 36, 40, 28, 30, 32, 34,
Forestier, 58
Fragua Martiana, 60
Fréderick Mialhe, 64
Fresnel, 64
Fuente de la India, 22, 58
Fusilados, 118

G

Gansterismo, 102
García Lorca, 7
Grau, 38, 92, 100, 102, 104
Guaracabuya, 26
Guerra de los Diez Años, 66, 68, 72, 114
Guía Telefónica, 74

H

Habaguanex, 22
Habana Vieja, 24, 36, 48, 58
Hemingway, 7
Heredia, 54
Humboldt, 12

I

Indígena, 14, 22, 26, 56
Inocencio XIII, 36, 50
Intervención, 82
Isabel de Castilla, 8
Ivonnet, 94

J

Jacques de Sores, 28, 60
Jerónimo Valdés, 36, 50
José Antonio Saco, 52, 54, 92
José Martí, 3, 48, 58, 60, 62, 66, 74, 78, 84, 92, 102
José Miguel Gómez, 90, 92, 94, 96
José Ramón Villalón, 82
Juan de la Cosa, 8, 12
Juan II de Portugal, 8

L

La *Cabaña*, 20, 38, 40, 66, 68
La Chorrera, 32, 38
La Habana, 1, 2, 3, 5, 7, 14, 18, 20, 22, 24, 26, 28, 30, 32, 34, 36, 38, 40, 42, 44, 48, 50, 52, 54, 56, 58, 60, 62, 64, 66, 68, 72, 74, 78, 82, 84, 86, 90, 94, 96, 98, 100, 102, 104, 106, 107, 118, 120
La Punta, 20, 34, 38, 40, 82
La Santísima Trinidad, 14
Leonard Wood, 82
Library of Congress, 6
Luz y Caballero, 52, 54, 62

M

Maceo, 78, 92
Machado, 92, 96, 98, 100
Maderas, 34, 42
Maine, 78
Malecón, 82, 86, 120
Manzana de Gómez, 74
Mapamundi, 12
Maravedíes, 34
Mark Twain, 7
Martínez Campos, 68, 78
Marxismo, 3
Masferrer, 104
Matanzas, 2, 28, 30, 40, 66, 72, 82
Máximo Gómez, 2, 78, 84, 86, 92
Mayabeque, 14
Mendive, 48, 54, 58
Menocal, 92, 94, 96
Miguel Aldama, 48
Moneda del 2019, 34, 44
Morell de Santa Cruz, 36
Muralla, 38, 44, 60, 66, 68
Música, 82, 114

O

Obispo Espada, 18, 62,
Oro, 26, 28, 34

P

Palacio, 24, 36, 44, 48, 68, 84, 100, 102
Partido Auténtico, 102, 104
Partido Conservador, 94
Partido del Pueblo Cubano, 104
Partido Liberal, 86, 90
Partido Moderado, 90, 94
Pata de Palo, 28
Piet Heyn, 28, 30
Playel, 48
Plaza, 24, 44, 48, 52, 58, 68, 74, 84, 102
Plaza de Armas, 24, 52, 68, 84
Política, 86, 92, 98, 100, 102, 106, 118
Prado, 48, 58, 74, 98, 114
Primera misa, 18
Prío, 100, 102, 104
Puerta de Tierra, 22, 38, 68
Puerto Carenas, 14

R

Real Fuerza, 24, 34, 52, 68

Revolución, 44, 74, 90, 98, 102, 104, 118
Revolución de 1933, 92, 96, 98, 100
Roosevelt, 90, 94, 98, 100

S

San Carlos y San Ambrosio, 52
San Cristóbal, 12, 14, 20, 24, 50
San Gerónimo, 36, 50, 52, 54
San Juan de Letrán, 36, 50, 52, 54
San Lázaro, 28, 36, 38, 54, 58, 60, 62, 68, 82
Sebastián de Ocampo, 14
Segregados, 106
Sevilla, 30, 32, 34, 38
Socialismo, 120

T

Tacón, 22, 48, 74
Talento, 106
Teatro Coliseo, 48
Teatro Tacón, 48
Teatro Villanueva, 48
Thomas Alba Edison, 7
Tomás Romay, 54, 62
Tregua Fecunda, 74

U

Universidad, 36, 50, 52, 54, 82, 86, 96, 98, 100, 102, 104

V

Vermay, 18, 62
viaje, 8, 12, 26, 30, 48
Voluntarios, 74, 78

W

Washington, 5, 74, 98, 100, 118
Weyler, 78

Z

Zanja Real, 32
Zayas, 66, 92, 94, 96

Raúl Eduardo Chao recibió su doctorado de la Universidad Johns Hopkins y después de un breve paso por la industria estuvo 18 años en el mundo académico, como Profesor Titular y Director de los Departamentos de Ingeniería Química en las Universidades de Puerto Rico y Detroit. En 1986 fundó una firma de consultoría enfocada a ayudar a empresas y agencias gubernamentales a desarrollar un ambiente de trabajo positivo e implementar técnicas de mejorar procesos para asegurar aumentos simultáneos en productividad y calidad. El *Grupo Systema* tuvo como clientes empresas de las catalogadas como *Fortune 100* y diversas organizaciones federales y estatales, tanto en los EE.UU. como en el extranjero. Como Presidente de Systema, Chao ha escrito más de 30 libros sobre gerencia, política, ciencias e Historia de Cuba y numerosos artículos en periódicos y revistas. Él y su esposa Olga viven en Lakeland, Florida y suelen pasar largos períodos de tiempo en París.

www.ingramcontent.com/pod-product-compliance
Lightning Source LLC
Chambersburg PA
CBHW041724070526
44586CB00001B/3